本书获教育部特色专业建设亚非语群项目资助出版，在此表示感谢！

多元社会背景下的马来西亚法律与文化

张榕 著

厦门大学出版社 国家一级出版社
XIAMEN UNIVERSITY PRESS 全国百佳图书出版单位

图书在版编目(CIP)数据

多元社会背景下的马来西亚法律与文化/张榕著.—厦门:厦门大学出版社，2021.5

ISBN 978-7-5615-7452-2

Ⅰ.①多⋯ Ⅱ.①张⋯ Ⅲ.①法律—文化研究—马来西亚 Ⅳ.①D933.8

中国版本图书馆 CIP 数据核字(2021)第 001213 号

出 版 人	郑文礼
责任编辑	李 宁
封面设计	李嘉彬
技术编辑	许克华

出版发行 厦门大学出版社

社　　址 厦门市软件园二期望海路 39 号

邮政编码 361008

总　　机 0592-2181111　0592-2181406(传真)

营销中心 0592-2184458　0592-2181365

网　　址 http://www.xmupress.com

邮　　箱 xmup@xmupress.com

印　　刷 厦门市明亮彩印有限公司

开本 720 mm×1 000 mm　1/16

印张 13.25

插页 2

字数 168 千字

版次 2021 年 5 月第 1 版

印次 2021 年 5 月第 1 次印刷

定价 68.00 元

厦门大学出版社
微信二维码

厦门大学出版社
微博二维码

前　言

　　基于多元社会背景下的马来西亚法律与文化研究的重要意义和目前国内外对多元社会视角下的马来西亚法律与文化研究的不足，本书选取多元社会背景下的马来西亚法律与文化进行研究。为此，我们关注了在复杂社会文化势力影响下的马来西亚法律的真实面貌，旨在弄清马来西亚法律与多元社会文化的互动情况。本书梳理了马来西亚法律随历史的演进轨迹，包括古代马六甲王国时期法律、近代英国殖民地时期法律，揭示了独立前马来西亚多元法律文化的产生及变迁规律。对独立后的马来西亚法律，本书一方面将其置于社会文化的变迁之中进行考察，寻找多元社会文化对法律作用的条件、方式、规律；另一方面分析当代马来西亚法律怎样回应多元社会文化，其中不同的法律部门对多元社会文化的回应各有特点。接下来，本书就马来西亚法律面临的新挑战（伊斯兰化、全球化等）及其对马来西亚法律发展趋势的影响作出判断。最后，本书总结了马来西亚法律及法治的启示。

　　本书充分运用法学、社会学、政治学、历史学等理论知识，具体运用比较法、历史法、实证法等，对多元社会背景下的马来西亚法律与文化展开全方位、动静相间的研究。

　　通过研究,笔者总结出马来西亚法律的发展规律,以及法律与多元社会文化的关系。具体而言,有以下研究结论:第一,古代马来亚①的法律文化,呈现出法律形式化的特点。对法律,没有国家强制力保证实施。马来亚古代法律文化是精英的法律文化,并非大众的法律文化;是特权法,而不是普遍意义上的法律。法律与道德、宗教等其他社会控制手段差别不大。服从君主、遵守习惯风俗、履行伊斯兰教义就是那个年代普通民众的法律意识。这个阶段马来亚的多元法律文化还是处于各自独立、自我治理的层级,并没有真正开始混合和交融。第二,英国殖民地时期开启了马来亚法律近代化的进程,殖民者完成了对马来亚本土法律的改造,构建了马来半岛的基本制度。在此期间,西方输入的法律观念与马来亚当地的法律传统产生激烈碰撞,而后保留下来的法律观念,尽管有时看起来似是而非,然而这才是符合马来亚需要的法律观念。与此同时,马来民族主义也在孕育和萌发之中。近代多元社会造就多元文化必然形成多元法律,马来人的伊斯兰法与习惯法、华人的习惯法、印度人的习惯法、土著人的习惯法并行不悖。第三,马来亚的独立真正开启了多元社会文化混合与融合的进程。从独立初期的"打破城池"到新经济政策时期的"冲突解决",再到国家发展政策时期的"协同共赢"。马来西亚的多元文化在近几十年逐渐趋同,随之,法律的数量和样式都得到进一步的发展。马来西亚越来越看重自己的独立国家地位,以及在世界舞台上的表现。其法律也表现出更多的自省,法律的实用性和本土性被优先予以考虑。第四,为呼应马来西亚最重要的社会公共准则,即多元社会文化的和谐与发展,马来西亚的重要法律领域采取了不同的方法。在宪

---

　　①　1963 年 8 月 31 日马来西亚成立,此日期之前称马来亚,此日期之后称马来西亚,下文同。

政制度中：君主立宪制下君主统而不治，内阁实际掌权；有区别的联邦制"形散而神不散"，中央的集权有效遏制了分裂隐患；作为选举型权威国家的马来西亚，执政党联盟与反对党联盟两线对峙的局面将持续，改革选举制度是大势所趋；司法体制兼顾族群、融合多元文化，普通法院体系、伊斯兰法院体系、土著法院体系、检察院体系各司其职。刑事法律体现的是普通法与本土社会文化的交融。在民法领域，符合马来西亚当地具体情况的英国法原则正在成为非马来人的新属人法，对马来人适用伊斯兰民事法、对非马来人则适用普通民事法。行政法方面，警察拥有先押后审的巨大权力，土地制度以托伦斯登记制为主。第五，努力保持马来西亚法治文化的民族特色并努力融入全球主流法治文化成为决定马来西亚法治发展走向的两个决定因素。尽管马来西亚的法律有伊斯兰化倾向，但马来西亚仍然是一个世俗国家。在多宗教国家中，伊斯兰教义法律化的意义重大且须谨慎，伊斯兰教义中的不同成分法律化的途径也不相同。当下，虽然马来西亚存在恐怖主义因素，若从法律控制、非正式控制、医学控制这三个方面采取反恐措施，马来西亚的恐怖主义也可以加以治理。文化全球化不会导致马来西亚法律的西方化，即法律的同质化。反而，可以利用之，发扬和完善本土法律。第六，不同的法律文化可以包容与融合。国家应接受并尊重社会文化的多样性，多弘扬普适性的伦理价值。在法律移植的基础上，强化法律的本土化与民族化。

马来西亚的多元族群、东方文化、殖民影响等历史与现状，与中国有相似之处。我们通过研究多元社会背景下的马来西亚法律与文化，分析其中的成功经验，以期对我国法治的完善做些许贡献。

张　榕

2020 年 9 月 20 日

目 录

导 言 ………………………………………………………………… 1

    第一节 研究对象与研究意义 ………………………………… 1

    第二节 研究现状 ………………………………………………… 3

    第三节 研究内容和研究方法 ………………………………… 9

    第四节 问题及理论基础 ……………………………………… 11

第一章 马来西亚法律风貌的历史演进 ……………………… 15

    第一节 文本中的古代法
        ——以最具代表性的法典《马六甲法典》为例 …… 15

    第二节 古代马来亚的法律文化研究 ……………………… 30

    第三节 英国殖民地时期法律的近代化 …………………… 31

    第四节 近代多元社会造就多元文化必然
        形成多元法律 ……………………………………… 40

第二章 多元社会文化转型中的马来西亚法律 ……………… 60

    第一节 独立初期包容多元社会文化的马来西亚法律 …… 60

    第二节 "新经济政策"时期法律的实践与合法性 ………… 67

　　第三节　"国家发展政策"阶段法律的新动态 ················· 72

　　第四节　法律与多元社会文化的关系 ····················· 78

第三章　马来西亚法律领域对多元社会文化的回应 ········· 81

　　第一节　与多元社会文化相适应的当代宪法制度 ········· 82

　　第二节　本土色彩浓厚的行政法 ······················· 118

　　第三节　普通法与本土社会文化交融下的刑事法律 ······· 124

　　第四节　多元民事法律向二元民事法律的转变 ··········· 136

　　第五节　兼顾族群、融合多元文化的司法体制 ··········· 138

第四章　马来西亚法律面临的挑战及发展趋势 ············ 161

　　第一节　马来西亚的伊斯兰法问题 ····················· 161

　　第二节　文化全球化对马来西亚法律文化的影响 ········· 185

　　第三节　政坛更迭的影响及应对 ······················· 190

结　　语 ··························· 194

参考文献 ··························· 197

导　言

第一节　研究对象与研究意义　❀　❀　❀

　　本书围绕马来西亚法律及文化,具体选取古代马六甲王国时期、近代英国殖民地时期、当代为代表。前两者都是马来西亚法制史上至关重要的转折点,最后者是马来西亚法制发展的集大成者。这三者分别能够体现马来西亚的古代法律文化、近代法律文化、现代法律文化的面貌,历史脉络清晰。从法律渊源上看,伊斯兰习惯法、英国法、民族独立国家法都有。另外,本书强调多元社会与马来西亚法律、文化的关系。马来西亚是多元社会的国家,马来人、华人、印度人、土著人等多元族群共同生活在这块土地上,世代共处并相互影响,又经历了长期的西方殖民统治,东方法与西方法在这里完美融合,形成了独具特色的马来西亚法律与文化。马来西亚法律文化的发展分为三个阶段:古代王国时期、西方殖民时期、国家独立后。各时期的法律风格迥异,传承中发生着变革。上古时期的马来古国深受印度文化的影响,印度文化与佛教教义结合

而成的习惯法占据主流；在中古时期的马来苏丹国，伊斯兰教义对传统习惯法大量渗透和融合，成功地产生了伊斯兰习惯法；西方殖民者的入侵，打破了法律自然演进的过程，西方现代法律被引入马来半岛，先从商事领域，后扩大到大多数法律关系，只有与个人身份相关的法律关系保留传统习惯法，这个时期是法律嫁接与本土化的关键一步；马来西亚独立后，先是主动借鉴西方，打下国家法律的雏形，并随着马来西亚国家社会的需求与变迁不断调整，去殖民化与国际化特色凸显。

本书关注的范围较广。既有制定法、判例，也有习惯；既有公法，也有私法，更有与以上法律渊源相关联的文化。这样就能避免片面理解马来西亚法律与文化，从而进行客观全面的研究。本书先全面梳理马来西亚法律与文化，然后联系多元社会的国情，分析文化、社会与法律的关系，最后总结多元社会背景下的马来西亚法律与文化的特征与启示。

本书具有多重意义。第一，分析多元社会背景下的马来西亚法律与文化，有助于理解马来西亚国家上层建筑。马来西亚法律与文化指马来西亚正在实施的法律规则和法律原则的总称及其相关文化。本书不仅考察静态的法，还对动态的法（包括法的制定、遵守、执行、适用诸环节）予以关注。法律、文化及其社会背景共同组成马来西亚国家上层建筑的重要部分。第二，马来西亚法律与文化在多元社会中作用巨大。不仅是族群社会分歧、文化冲突的黏合剂，也是社会控制的机制和社会变革的工具，更是文化发展与融合的安全线。马来人、华人、印度人等由于文化传统的差异，形成各自的社区，界限分明。因公共资源有限、政治势力助推等原因，各大族群之间的矛盾，不时引发对立与冲突。法律与文化能够对人与人之间的社会关系发生影响，用国家权力调控不同利益诉求，按照国家的意志进行发展，并带动社会的融合。第三，在马来西亚法律研究中,考察自然法学派、分析实证主义法学派、社会法学派在马来西亚法律中的体现,以期探究西方法理学的三大流派在东方社会的影响。在马来西亚,古代以自然法为主,近代的实证法分量不断增加,到现代社会则是法社会学更受青睐。西方法学理论在中国之外的广阔东方,逐渐生根发芽。希望本书能够使学界更加关注东南亚海岛地区法律的"西学东渐"问题。第四,希望本书能够抛砖引玉,引起学界的关注,使马来西亚法律与文化研究成为马来西亚国别研究的一个分支。

第二节　研究现状 ✿ ✿ ✿

中国与东南亚国家交往的历史源远流长。相对于中南半岛国家的法律而言,学界往往忽视了对于东南亚海岛国家法律的研究。东南亚海岛国家由于不与中国直接接壤,独立后与中国没有发生过战争,因而很长时间内东南亚海岛国家都不是学界关注的重点。只有福建、广东两省由于是东南亚海岛国家华侨的主要来源地,才一直跟进东南亚海岛国家的华侨问题。

随着中国海洋战略的调整,作为海洋国家的中国深入了解南海近邻国家,东南亚海岛国家的热度不断上升,新的研究成果不断出现。不过,国内研究的覆盖领域还略显狭窄,针对马来西亚而言,主要是马来西亚的国家概况和热点问题的评论。马来西亚法律处于研究的边缘地带,大部分对马来西亚法律的研究都是在东南亚法律研究的大框架下进行的。由于法学的学科专业性限制,一些马来西亚法律往往是作为常识性读本来加以解读的,但我们应该看到马来西亚法律的专业性、社会文化性。马来西亚法律不是一个附属的、简介的、翻译学的形式,而是一个处于边缘同时又

是日益凸显的、潜力巨大的、综合性的马来西亚国别研究分支。目前,马来西亚的法律已经渐渐步入成熟期,法律的民族性、独立性正在强化,与其社会、文化相辅相成。马来西亚、澳大利亚、英国等对马来西亚法律研究也日渐升温。以下分别考察马来西亚、澳大利亚、英国、中国对马来西亚法律及其社会文化背景研究的现状。

一、马来西亚方面的研究

马来西亚对本国法律的研究起步较晚,早期主要依赖国外的法学教育与研究,后来随着国内法学学科的发展,相关的研究逐渐跟进。马来西亚学界对本国法律的研究领域,既包括法律理论,也包括法律部门(包括具体问题)的研究,甚至对法律与社会或法律与文化的互动也做过一些探讨。代表性著作有 Sharifah Suhanah 在 1996 年出版的《马来西亚司法制度》,书中关注马来西亚司法制度如何能在时间的流逝中演进,哪些制度被始终传承。到 2007 年第二版时,作者捕捉了某些基本制度的重大变化,并且加入了一些社会文化的关联性分析。该书的研究内容和方法很有意义,显示马来西亚学者对司法制度思考角度的调整。另外,马来西亚国际伊斯兰大学的 Anwarul Yaqin 所著的《马来西亚法律与社会》,该书关注马来西亚法律如何解决主要社会问题,从为什么要保护、保护的进展、不足等方面逐层递进。该书的研究思路很值得学习,但是由于成书时间在 1996 年,对 21 世纪以后马来西亚社会涌现出的新问题没有涉及,这也是本书希望弥补的空间之一。Rau&Kumar 所著的《马来西亚法律制度的基本原则》,介绍了马来西亚法律的基本情况,重点阐述马来西亚的各种法律渊源,包括接受英国法以前和接受英国法以后的法律制度,覆盖范围非常广泛,包括联邦宪法、司法、法律职业与法律服务、立法、司法解释等。

该书的历史研究方法启迪了笔者,但是正如书名所写,该书的落脚点是基本原则。它对很多法律问题的研究过于概括、笼统,这些法律问题之间的逻辑性、体系性不够强,难以形成马来西亚法律制度的体系。因而,笔者加强了马来西亚法律体系的研究,特别是第四章,选择了几个有代表性的法律制度或法律部门,加以专门研究,努力呈现马来西亚法律体系的整体趋势和个体特征。Shad Saleem Faruqi所著的《国家的摇篮:我们的宪法》,笔者认为该书的最大亮点是对重要宪法问题的研究,这种法律问题意识也是目前我国法学界所推崇的。第四章研究马来西亚的世俗国与神权国之争问题时,受到了该书的诸多启发。2007年马来西亚语文局编了一套马来西亚法律系列丛书,包括《宪法与行政》《刑法》《伊斯兰法》《法律渊源》《伊斯兰家庭法》《商法与消费者》《跨族群交易法》等,共计16本。该丛书不仅关注具体法律制度本身的问题,还汇编了许多研究各法律制度与社会互动问题的文章。这些文章体现了马来西亚国内对法律社会学和法律文化研究的兴起。笔者从这些文章中更深入地了解了马来西亚的法律、文化、社会的状况。

二、澳大利亚方面的研究

澳大利亚在全球一体化的浪潮下,对其北方近邻的事务保持兴趣并参与其中。北澳大学的吴明安教授是该地区研究马来西亚法律的代表人物。他主要关注马来西亚的司法制度,在其著作《马来西亚司法制度》中介绍了马来西亚司法制度的诸多方面,并且涉及文化、宗教、道德如何在同一个国家的法律体系内相互包容。该著作也是本书的资料来源之一,但是该书成书距今已逾十年,马来西亚的法律发生了许多修改和完善,马来西亚的国内与国际环境也都发生了变化。另外,对马来西亚的法律制度,书中较少从社会

的角度去解读,对马来西亚的法律与文化社会之间的关系结论不够清晰。

虽然在澳大利亚,从事马来西亚法律研究工作的人数并不多,但从著作的内容和体系看,他们对马来西亚法制相当熟悉,避免了马来西亚主流价值的控制,研究氛围比较宽松,但是学者容易站在自己族群的角度看问题,是否客观则需要冷静对待。

三、英国方面的研究

英国对马来西亚法律的影响深远。由于殖民统治的需要,英国对马来西亚法律的研究开始得很早,并持续至今。因此,英国学者对马来西亚法律的理解和分析比较广泛和深入。早期英国方面对马来西亚法律的研究主要集中在法律移植、法律文化、殖民文化。马来西亚独立后,英国方面的研究更关注于国家建构、社会问题治理、法学教育等方面。然而,英国对马来西亚法律研究的核心仍然是英国法在马来西亚的适用及相关问题。

(一)在英国海峡殖民地背景下对马来西亚法律的研究

随着海峡殖民地的建立和发展,英国的官员、法律工作者陆续被派往马来西亚,他们利用政治上的统治地位,引入新的法律制度,先是英属印度殖民地法,后是英国法。在法律移植的过程中,出现了很多成果,体现了西方法律与东方传统的有机结合。在这一阶段,法律研究的成果以多种形式予以呈现。诺顿·凯希的法律报告为我们提供了英国人在当时海峡殖民地司法行政的详情。他的著作至今仍然是马来西亚和新加坡法科学生研习其国家法制史的必读教材。1807 年颁布的殖民地第一部《皇家司法宪章》标志着英国法首次以立法形式引入马来西亚,并接着在 1826 年颁布

第二部《司法宪章》，在 1855 年颁布第三部《司法宪章》。著作方面，牛津大学的 Walter J. Napler 在 1898 年出版有《海峡殖民地实施的法律简介》，该书的贡献是将海峡殖民地的各组成部分分别考察并且特别关注英国法的适用范围与方式。

(二)在英联邦背景下对马来西亚法律的研究

英国对二战后的马来西亚法律建设起到了无可比拟的作用。马来西亚作为英联邦的成员国，大量继承英国法的内容；独立后很长时间内，马来西亚刑事、民事案件，由英国的枢密院司法委员会享有最高终审权，英国法官们在对马来西亚适用普通法与衡平法的同时，也在造法，这些判例丰富了马来西亚法律体系；马来西亚的早期法律人才大多在英国接受法学教育，这些人学成回国并成为马来西亚的法学骨干力量，他们热衷于与英国之间的学术交流和合作出版，马来西亚的很多法学出版物由马、英两国学者合著或者在英国出版。

这一期间，英国学者积极参与创制、发展马来西亚法律制度，将西方法学成果与马来西亚国情予以融合。代表人物有希克宁，他是英国著名律师与法学教授，二战后曾参与草拟马来西亚独立宪法，随后并担任马来西亚法律修正委员，草拟《1960 年内安法》，1970 年代及 1980 年代曾担任马来亚大学和国民大学的教授，著有 The Progress of Malaysian Law、Malaysian Law：An Introduction to the Concept of Law in Malaysia 等。他认为马来西亚的比较法研究应该"向东看"，法学工作者必须记住这个国家、地区的来源、环境、居民的信仰。英国方面对马来西亚的法律研究，既有具体的部门法，也有法学理论。如马来西亚法科学生的基础教材《马来西亚宪法》，现在已经是第 5 版，该书影响广泛，其三位作者之一就是英国人。

四、中国方面的研究

（一）在东南亚（或东盟）法律整体研究框架下的马来西亚法律研究

在我国，对马来西亚法律的研究，大多数是放在东南亚或东盟法律整体研究的框架下的，作为其中的一部分。主要专著有 2006 年出版的祁希元主编的《马来西亚经济贸易法律指南》。尽管该书以经济贸易法律为题，但介绍了马来西亚的法律渊源、宪政制度、法律救济制度、宗教文化和风俗习惯等。这本书的论述重点在商事法律制度、知识产权法律制度、投资促进法、海关税收金融法律制度，其他部分是作铺垫或补充的。上述法律制度的内容在该书中得以详细阐述，成为国内研究马来西亚经贸法律的奠基之作。不过，经贸法律具有国际性，马来西亚的经贸法律绝大多数照搬英国，而不带有多少马来西亚本国的文化社会特色，因此，该书对马来西亚法律与社会文化之间的关系并没有多少论述，即使略有提及，也是分开谈论，缺乏历时性考察和整体性分析。

（二）对个别马来西亚部门法的研究

近年来，我国也出现了一些对马来西亚部门法的研究，既有译著，也有学术论文。译著如 2014 年出版的杨振发翻译的《马来西亚刑法》，该书翻译了马来西亚《刑法典》的法条，在序言部分，对马来西亚刑法体系的特色及发展趋势作出研究，还一并翻译了《预防犯罪法》《危险毒品法》等几个刑事相关法律。该书是第一次将马来西亚刑法典介绍到国内，也成为本书的分析素材之一。只是该书的定位是译作，没有对马来西亚法律进行全面深入的分析。

（三）对马来西亚法律、社会文化的联系性研究

国内对马来西亚法律、社会文化的联系性研究还很少。少有的相关研究也只集中于马来西亚的某个时期或某部法律,如胡亚丽在2013年发表的《海峡殖民地婚姻法立法考察》,就分析了海峡殖民地婚姻立法对改变当地居民家庭婚姻习惯的作用,并提升到多元法律文化的形成,以及独立后新马法制和族群关系等。

综上所述,我国对马来西亚法律及其社会文化背景的研究,还有很大的开发空间。

第三节　研究内容和研究方法 ❀ ❀ ❀

对马来西亚法律的产生、演变和发展进行详细梳理,发现其规律。在此基础上,从法律领域的角度,对马来西亚的宪法、刑事、民事等方面进行深入分析研究,总结其特点。通过分析马来西亚法律、文化与多元社会的内在联系,找到其中对我国的法制建设、传统法律文化的弘扬有借鉴意义的东西。从法条、法律原则、判例、法律解释等法律规范和逻辑结构出发,进行思考,引起文化思考,再分析背后的社会因素;先假设结论,再通过社会实践去检验。例如,本书第三章中,笔者列举了大量的法规、法条、法律政策、判例,总结出三个发展阶段法律的不同特点,再假设布莱克法律运行的理论能够适用于马来西亚,通过马来西亚的法律运行事实加以检验,从而对该理论进行修正。

（1）比较法

制度是因时、因地、因人而设的,评价某种制度既不能肯定一切,也不能否定一切,要分析当时当地的背景和人们的活动状况,

用发展的眼光来对待一切制度。这样得出的关于制度、社会文化的规律，才客观和有效。如在本书第三章第一节关于马来西亚联邦制形成的社会文化背景及运作中，笔者在联邦制下比较了沙巴州和沙捞越州享有的权利与其他州享有的权利之间的差异，从而凸显社会文化对法律权利与义务的影响力。

本书试图运用比较研究的方法将马来西亚各个州的法律文化进行比较，将马来西亚的法律文化与东南亚乃至其他国家或地区的法律文化进行比较，试图发现不同制度背后的法律文化上的差异性，并分析其原因。制度是由物质生活条件所决定的，但文化也显然是影响制度形成的重要因素。进行这样的比较，有利于我们更加全面、准确地把握马来西亚法律文化的本质。

（2）历史法

社会文化具有区域性和历史的继承性。没有一个民族一下子就发展到今天，没有一个国家能与周边地区隔绝。任何社会文化都有其发展轨迹及影响范围，从时空角度的梳理，有助于塑造全面而深刻的社会文化。

马来西亚的法律文化经历了复杂的历史演变，从古代的习惯法文化，到有规模、成系统的《马六甲法典》；殖民者的到来打乱了原有的历史发展脉络，改变了马来西亚法律文化发展的原有方向；马来西亚的民族独立不仅仅是一个民族国家的独立，可能也是其法律文化上的独立，马来西亚独立后民族主义逐步强化，在法律文化上的表现也是十分明显的，通过朝鲜男子金正男在马来西亚吉隆坡机场遇害案，马来西亚政府在处理该案过程中所极力强调的国家主权意识，就可见一斑。历史是昨天的现实，现实从历史演变而来并在明天成为历史。以历史唯物主义的观点对马来西亚法律文化的历史进行梳理有助于我们对马来西亚的法律文化做到既知其然也知其所以然。

本书第二章阐述马来西亚法律风貌的历史演进，梳理了古代马六甲王国和近代英国殖民统治时期的法律文本和法律实践，展现了马来西亚法律的历史发展过程。

（3）实证法

通过对经验事实的观察、分析来建立和检验各种理论命题，并作出预测。对经验事实的科学描述和客观分析十分重要，特别是从法律的视角解释和控制人们的行为。

本书通过对大量的案例进行分析，不但从静态文本上研究马来西亚的法律文化，更从中了解现实中的动态的马来西亚法律文化。如在第四章论述马来西亚的恐怖主义因素及其治理时，笔者先从马来西亚的国情出发，归纳出马来西亚的恐怖主义因素；接着论证，如果加以治理的话，美国社会学家詹姆斯·克里斯的社会控制理论是否行得通，怎样行得通。通过文字、数据等，理解理论在现实中的生命力，增强所涉理论的表现性和所得结论的说服性。

第四节　问题及理论基础　❀　❀　❀

当我们一踏上马来西亚的土地，第一个突出的印象就是人种的混杂——马来人、华人、印度人、土著人、欧亚混血人等。这是在最严格意义上的一种混杂，因为他们尽管混合在一起，却没有相互融合。每一群体的构成都有自己的宗教、文化和语言，自己的思想和行为方式。这是个存在于同一政治单元中的多元的社会，社区的各个不同部分并存，却又彼此隔离。东西方交往最明显、最突出

的结果就是多元社会的形成。① 多元社会文化在大多数时间里在马来西亚处于一种各行其道的状况。人们共同生活在同一个国度里,相安无事,但这并不意味着没有矛盾。人们在生活、工作中不可避免各种接触,常常自觉或不自觉地产生关于双方价值、感情等的隔阂。隔阂很多时候没有得到及时疏导,渐渐演化为矛盾,并长期潜伏于平静之下。诚然,所有社会都无法摆脱这种矛盾,然而当加入族群的因素,一切变得特别敏感。简单的社会事件,稍不留意,就容易酿成政治的动荡、社会的分裂。法律作为社会秩序的最后一道防线,自然成为人们摆脱纷乱的希冀。法律能否给人们提供定分止争的出路,效果如何,经常拷问着马来西亚法律。这个法律不仅指静态的法律制度,更包括广泛的动态法制运行及其中牵扯的主观、客观因素。

马来西亚的法律是丰富多样的。不同社会文化背景对法律的影响有同向的,也存在偏差,甚至相反的作用。多元社会文化视角下的马来西亚法律,就是本书需要论述的核心问题。为了解决核心问题,我们首先需要了解在复杂社会文化势力影响下的马来西亚法律的真实面貌是怎样的,生命力如何,解释多元法律文化的产生及意义。纵观马来西亚的法制史,我们看到了多元社会文化变迁与法律变革之间的互动。那么,演进的情况如何?本书将探究马来西亚法律在多元社会文化中的运行规律,并结合主要法律领域予以分析。

对社会、文化与法律的关系,以及法是什么等问题,法律社会学家们从不同的角度给出过解释。美国法学家弗里德曼在《法律制度——从社会科学的角度观察》一书中认为"法律不是独立于外

---

① [美]唐纳德·J.布莱克:《法律的运作行为》,唐越、苏力译,中国政法大学出版社 2002 年版,第 90 页。

部社会力量的;法律要对外界压力作出反应,是社会需要并设计的产物;作为整体,法律制度能比较准确地反映社会权力是如何分配的;在任何特定时间现存的法律大致准确地反映实际对规则主题起作用的社会力量"。美国法社会学家布莱克在《法律的运作行为》中指出"法是政府的社会控制",并系统地阐述了法律的运作理论,即从法律的数量和样式的变化角度来分析法律与社会的关系,进而提供了一个定量分析和预测法的运行轨迹的理论架构。在《社会学视野中的司法》一书中,布莱克具体探讨了司法领域内,各种社会因素对于法律量、案件乃至整个司法系统的影响,并由此创立"案件社会学"。美国法社会学家庞德认为:"法律是社会控制的工具。法律并不创造利益。它的任务是承认、实现、保障利益。利益是有冲突和重叠的,利益也不可能无条件地得到满足。法律秩序的任务就在于决定其中哪些利益应被承认与保护和应在什么范围内加以承认和保护,以及在最小摩擦和浪费的条件下给予满足。"由此,庞德提出了他的正义观、利益分类说、法律价值观。庞德从实用主义主张建立一种最大限度地满足需要的价值准则。这种价值论强调经验,人们可以从中找到一条消灭或减少阻碍和浪费以实现最大社会利益效果的道路,这条道路就是承认个人自我精神的社会合作,即文明的合作。庞德的重要法社会学思想还体现在对法制史的解释中。他认为,应依据类推的方法来进行法制史的解释。这种类推应提供一种以活动为依据的解释,引导我们不要仅把法律制度视为既存事物,而要将其视为被创造的事物;这种活动是一种有条件的活动,因为人的活动要受到那些计划与创造活动的人的能力、性格、偏好的制约,受到材料、工作环境、特殊工作目的的制约。这种类比应由社会工程学来提供。德国的社会学家马克斯·韦伯以社会行为作为其基本单位对法社会学作一个基本设定,通过区分权威类型、法律类型诠释法律的形成,接着研

究了法律与其他社会规范、法律与经济社会中权利的创设、法律与法律职业三对范畴,深入说明法律作为一种社会规范在社会中的功能与作用。① 韦伯从"在社会中探究法律"到"法律中的社会"的研究进路为本书的撰写带来很大启发。相比欧美法社会学研究大多以法律职业、法庭过程或司法政策为研究对象,日本的法社会学则更深入地从法律的视角探讨具体的法律问题,并且将法社会学研究与法律文化学研究紧密结合、彼此促进。川岛武宜在《日本人的法意识》中指出法律意识包括法律认识、法律价值、法律感觉,这三方面决定了人的法律行动,因此法律意识决定了一国法治文明的总体文明,制约着法律的现实适用效果。作为后起的东方国家,日本经历了从传统法系向现代西方法律体系的巨大转变。② 在这方面马来西亚与日本类似,但两者移植西方法律体系的路径并不相同,日本是本国自主移植西方法律,马来西亚是殖民者主导的被动移植。所以,对于日本的法社会学研究成果只能是参考而已。

① 李瑜青等:《法律社会学经典论著评述》,上海大学出版社 2006 年版。
② 郭星华:《法社会学教程》,中国人民大学出版社 2015 年版,第 83～85 页。

第一章

马来西亚法律风貌的历史演进

马来西亚的法律经历了漫长的历史演进过程。其中马六甲王国时期和英国殖民地时期分别是马来西亚古代法制史和近代法制史的重要节点,对马来西亚法律与文化的塑造至关重要。

第一节　文本中的古代法　✳ ✳ ✳
——以最具代表性的法典《马六甲法典》为例

一、马六甲王国的兴起与马六甲法典的编纂

15 世纪初,在今天的马六甲城地区,出现了一个新的国家——马六甲王国,国家的创始人为 Parameswara(被中国史籍称作拜里迷苏刺),马六甲王国存续了一百多年,影响遍及东南亚海岛地区,成为当时东南亚的国际贸易中心和海上帝国,一直到 16 世纪初葡萄牙人的入侵而灭亡。

《马六甲法典》的编纂历经了数代国王。最早的制定法起源于

二世国王 Iskandar Shah，《马来纪年》对此陈述道"统治者制定国家的习惯和礼仪"，这里的习惯和礼仪带有规则性质，用来确保社会的和谐，也就是法的原型，在 15 世纪初马六甲王国建立后不久已经出现。三世国王 Muhammad Shah 颁布了一系列更细致的王位禁令，建立皇家仪式，这时的规则和禁令已经成为法，由专业人士拟定，违反者将受到惩罚。到了五世国王 Muzaffar Shah 时期，马六甲王国已经和建立初期发生了很大的变化，于是，在前世立法成果的基础上，结合当时实际，原始版本的《马六甲法典》问世了，初步的法典化得以实现，但这还不是真正的《马六甲法典》。伴随着王权和文化的发展，马六甲法典被不断地修订、完善，直到 15 世纪末，也就是八世国王 Mahmud Shah 执政时期，马六甲王国立法的集大成者《马六甲法典》得以问世，用它来规范人们的行为。

《马六甲法典》是一个混合的文本，不同部分的编纂时间并不相同，《马六甲法典》是马六甲王国时期法律的总称。这部法律的内容包罗当时社会生活的方方面面，而法律本身的出现也成为当时的社会现象。马六甲王朝建立后，社会分工与系统逐渐复杂，矛盾冲突多样化，法律为维护社会生活秩序应运而生，有力地维护了社会稳定与经济繁荣。

二、《马六甲法典》结构与内容传递出的马六甲王国的文化脉络

传世的《马六甲法典》都是手抄本，出自不同的年代，条款的数目也不相同，但核心部分的意思大体上一致。在这么多种版本中，44 条的版本获得最广泛的认可，本书也以此为分析对象。《马六甲法典》的结构是清晰的，分为以下 6 个层次：(1)《马六甲法典》的核心部分；(2)海洋法(部分)；(3)伊斯兰婚姻法；(4)贸易与伊斯

兰证词法;(5)城镇法;(6)柔佛律法。① 上述第一部分主要包括皇家规范、习俗、民事责任、刑事责任等内容;第二部分是有关航海和船上纠纷处理的部分规定,细化的规定可以参见同时期编纂的《马六甲海洋法》。以上六部分的编纂时间也有先后,第一部分和第二部分可能在 Muhammad Shah 时期制定,而其中的宫廷规则可能是在 Muzaffar Shah 的命令下,由官员搜集并整理的,这是马六甲王国的黄金时期;第三和第四部分应该是更晚些制定的,此时伊斯兰化已经深入人心;第五部分大约在 16 世纪初,葡萄牙人踏上马六甲的土地后不久出现的,这个时候马六甲王国努力加强对偏远地区的控制以防范葡萄牙人;第六部分大概在 18 世纪下半叶,由柔佛苏丹下令编纂的,那是马六甲王国灭亡后其国王流亡柔佛后建立的柔佛王国。《马六甲法典》的结构勾画出马六甲王国的历史脉络,而法典的内容则为我们描摹出那个社会的治理脉络。

第一,君王即法,四大重臣为首的家族式统治。《马六甲法典》将君王的神圣地位用法律加以确定。法典规定:"国王是国家的元首,能够决定性地给出裁决。国王享有一些特权:只有国王可以赦免某些罪行,例如谋杀、拐骗他人的妻子、其他暴虐的行为;只有国王可以穿黄色的衣服,佩戴金色把手的马来格利斯短剑;一些词汇只限于皇家使用。如果违反上面的规定要受到严惩。"这些只是国王特权的一部分,还有很多关于君王凌驾于法律之上的规定,君王不仅不受法的约束,还可以随意制定法。这样,皇权的象征意义被强化,赋予君主排他的特权和地位,君王是高高在上的,诸多方面的待遇与被统治者天差地别。不过从当时的社会文化程度和民众意识水平看,"君王即法"的安排和规则更合适,也能被民众所接

---

① 〔新〕廖裕芳:《马来古典文学史(下卷)》,张玉安等译,昆仑出版社 2011年版,第 266 页。

受,因而成为制度,法律只不过把已经存在的社会秩序用法律语言表述出来罢了。

　　根据《马六甲法典》,君王需要任命四位高官来帮助自己管理国家,即 Bendahara、Bunghulu、Tumenggung、Laksamana(或 Seri bija diraja),四位高官各司其职。Bendahara 地位最高,他是君主的代表、政府的首脑并直接掌管马六甲所有的军队,受理国家级的诉讼,只有他与君主有固定资产交易的许可权,这个职位是由皇室家庭世袭的;Bunghulu 相当于财务大臣,主管所有的皇室财产,对领域内有关国家收益的问题有最终裁决权,领导国内负责贸易与商业的官员,负责对皇室的服务,这个职位除了在 Muhammad Shah 时期由非皇室家庭成员执掌外,都是皇室家庭专属的;Tumenggung 相当于马六甲市的市长,他负责城市的安全与秩序、法令的实施,并保障君主的安全,这个职位是马来皇室从新加坡来到马六甲后新创立的,法律被承认后需要强制,Tumenggung 就是代表国家落实法律发挥制度性保障的强制功能,以应对马六甲城市规模的不断扩大和城市结构的复杂化;Laksamana 是海军上将,他掌管海军武装、负责海洋港口事务,维护国家安全,还充当外交官的角色,这个官职是在马六甲王国中期创立的,并逐渐取代先前的 Seri bija diraja 一职,创立这样一个集海洋港口民事与军事权力于一身的第四把交椅,体现马六甲王国影响力的扩大与战略野心。上述的四位高官有许多特权,例如 Bendahara、Tumenggung、Laksamana 在某些特定场合可以不经国王下旨便将罪犯处死。

　　在马六甲,以君王为首脑,四大重臣为辅助组成权力集体,而皇室在王国的统治结构中占据极重要的位置,实质上就是一种封建主家族统治,《马六甲法典》记述"被统治者必须忠实于君主的任何命令,无论命令多么严酷,都要遵守"。那么,当时普通人和奴隶的情况如何呢?普通人就是自己有财产的人,而奴隶就是因为各种原因沦为主人的财产的人。可以交易奴隶,犯罪的奴隶将受到比自由人更严厉的处罚,主人也要对这个"财产"的所有民事侵权和犯罪行为负责。通常,大多数普通人、奴隶与君主之间并没有直接联系,他们只与雇主或被服务的官员直接联系,这些官员在各自的领地就是追随自己的普通人或奴隶的主人。于是,马六甲王国的三个社会层级形成了:第一级是君主,第二级是官员,第三级是普通人和奴隶。不同社会层级的人适用不同的法律,低层级进入高层级设置苛刻的条件,越往上走,可能性越小,这样,权力长期掌握在马来贵族手里,华人和印度人在经济、政治上无法得到同马来人同样的待遇,他们消极配合政府的统治。

总之,马来贵族的家族统治客观上有利于马六甲王国延续的稳定,但也导致社会层级的固化和民族的对立,这种内部矛盾在后来葡萄牙人入侵时得到了暴露。

第二,习惯法、伊斯兰法、马来伊斯兰法共同维持社会秩序。14 世纪末,爪哇麻若巴歇王国击败苏门答腊巨港室利佛逝,王子 Parameswara 率众北逃,先逃亡新加坡,后辗转来到马六甲。室利佛逝崇尚印度新都文化,信仰佛教,Parameswara 作为室利佛逝的后裔,其建立的马六甲王国从出生起就带有新都文化的气息。据发现的碑文显示,室利佛逝时期已经存在复杂的管理制度,维系管理制度的意识基础是佛教新都文化里的"神王"概念,即君主具有神的血统。根据传统,任何宣布归顺君主的人,都得喝下流过刀尖的血,作为自己的誓言,如果以后背叛君主,将会疯掉。人们因为恐惧或敬畏听从于君主,这种纯粹的、神秘的、精神上的隶属关系逐渐形成,并且随着时间的推移被强化,开始被官方行为所接纳,最终成为王国的政治信条。这样的信条被马六甲王国所继承,但在马六甲王国初期,习惯渐渐与规范产生牵连关系,偏离习惯与违背有约束力的规范之间的界限不是很清楚,官方的认可呼之欲出。

于是,二世国王 Iskandar shah 下旨制定国家的习俗和礼仪,新都文化成为社会规范的制定依据,许多新都特色的规定被保留在《马六甲法典》中,例如对犯罪者的家庭,在新都(习惯)法下,不能被宽恕。这点与伊斯兰法的"谁犯罪,谁受罚"的原则迥然。除此以外,许多习惯法的惩罚手段非常残忍,不过,在当时当地的社会背景下,人权相对神权还不重要,也就被大家接受了。

后来,马六甲王国自上而下地皈依伊斯兰教,将王国改称"伊斯兰教苏丹国",皇室家族被描述为与先知家族具有某种联系。随之而来,伊斯兰元素渐渐渗入法律体系,伊斯兰法开始充当习惯法的补充者或候选者的角色。到五世国王 Muzaffar Shah 时,则命令本国穆斯林严格遵守伊斯兰教法规,国家的强势力挺使伊斯兰法逐渐占据上风,大量体现伊斯兰教义的法规陆续出现在《马六甲法典》中,包括司法程序、商业事宜、婚姻关系、谋杀与盗窃罪、饮酒罪、宗教罪等。在《马六甲法典》中,很容易区分哪些法条来自伊斯兰法,因为这些法条总是使用这样的词组"根据安拉的旨意……根据安拉的话语……按照神的命令……"。但两种法律是并存的,有些惩罚措施甚至混合在一起,由法官来选择适用哪种法。举个例子,控方与检方须以潜水方式起誓,或用手将沸油或沸水中写有阿拉伯语誓言的陶瓷片取出,无法做到者,将承担败诉的后果,接受惩罚甚至被处死。上述第一种办法是习惯法,第二种办法体现伊斯兰教义的禁诉思想,无论胜诉或者败诉,都要承受身体上的痛苦。像这样的选择性法律适用的规定,在《马六甲法典》中还有很多,原来应该是单一性适用习惯法,到改宗后,又加上伊斯兰法。这也说明,印度新都文化、伊斯兰文化先后在马六甲传入,都通过自上而下的推广,在当地生根,两种文化逐渐交融,并形成有别于原始传入文化的第三类文化,这就是马来伊斯兰文化。文化从来都不是静止的,移植交融之后就会新生,不过这通常是个漫长的过程,更是渐进的过程。法律作为文化的载体,记录并体现着进步的过程。随着伊斯兰教义思想深入人心,个体的利益和人的尊严不得不被立法者考虑进来,因为当法不符合社会主流价值时,违背它就不会受到所属社会群体的谴责,法的效力就会下降。于是,惩罚措施有了变革,物质性惩罚可以作为身体惩罚的替代,"有金子,可以赎罪"成了现实。根据伊斯兰教义,惩罚就是对自己的罪行承担"报复",这种报复可以是肉体的,也可以是物质的。毕竟,这也是马六甲王国法律朝着文明又迈进了一步,但是,原先的肉体惩罚,仍然保留作为备选,因为很多人未必出得起那些金子,这也是一种妥协,妥协的产物就是上面提到的第三类文化的派生物——马来伊斯兰法。

在人们的法律知识几乎都为空白的马六甲社会,除了法律人之外,人们大多将法律与宗教、道德混为一体,对法律或宗教、道德只能是盲目地崇拜,然而越盲目,越遵从。马六甲的君主恰恰受益于这个规律,不仅从信念,也从制度上稳定了自己的特权和国家的延续。

第三,加强船只和港口管理,保护农耕。《马六甲法典》中的海洋法部分编纂后,由于无法满足王国愈来愈庞大复杂的涉海事务,马六甲王国又专门编写了《马六甲海洋法》,对涉海事务作出更详细的规定。涉海事务从治理的角度主要指船只管理和港口贸易。船只管理实行"船长领导责任制",船长是经官方认可的每艘船的最高首脑,拥有绝对的权威,几乎统揽船上的一切大权,甚至在某些特定的时间可以不经国王下旨便将罪犯处死。上文特定的时间是针对下列人:在船上与他人妻子通奸者;口出恶言且反抗者;对船主作恶者;图谋杀害船主、船长、桨手、二船主;腰间藏有格利斯短剑;由于疏忽而导致撞船或毁船的领航员;在船上与船长争吵并拔出格利斯短剑相威胁的船主,"其他恶行的人"。我们注意最后

加引号的,这可是个万能罪名,也就意味着"船长叫你死,你就得死",相当地专制。虽然《马六甲海洋法》中也有须要全体协商的时候,比如遇到风暴,须弃物时,船长想在附近的港湾暂时停留或过河到对岸时等,不过,谁敢触犯船长的权威呢? 协商不过是形式。那么,船长由谁主管呢? 当然是安拉。船长被人们预想为正确的,这一点上与改宗后人们对君主的看法类似,君主也是被人们预想为伟大与光荣的化身,不过比起印度新都思想的转世理论,还是进了一步。岸上的安拉思想在船上也适用,这与当今国际法"一国船只视为船只所属国的领土的延伸"一脉相承,我们不得不佩服马六甲人的智慧。船上的工作人员分工清楚、等级森严,甚至船员不允许坐在船长室旁的侧厅、长厅和船长室前的通道,都有点族群隔离的味道了。就连抵达港口后做生意也有顺序,头三天是船长做生意,第四天以后才轮到船员。

马六甲城自身的税收来源有港口税、商业税、买卖经营许可证所得,这些构成了马六甲收入的最大来源。为了交易公平和有效管理,王国根据不同的外商族群,委任四个港务官员,分别负责不同国籍的商船,管理港口事务。港务官员直接领导船长,船长要向他们汇报工作并听从指示。港口还组成了评估和解决相关难题的专门委员会,委员会由商人、船员、港务官员组成,负责对到港商船的货物价值进行评估,决定税收额。根据马六甲港口的贸易规则,商船到港后,首先进行货物价值评估,再收税和收取礼品。为了保护港口安全,国王还专门指派一位海军将领率战舰在港口周围游弋。① 此外,《马六甲海洋法》还有关于船上货物摆放、弃货的时机等规定,维护了货主和船主的利益。地理的便利加上利好的政策,

----

① 梁志明等编:《东南亚古代史》,北京大学出版社 2013 年版,第 522~523 页。

马六甲港迅速繁荣起来。

大量商人的涌入与定居需要消耗大量的粮食,粮食从哪里来?马六甲王国一方面大力发展本国生产,力争自给自足,另一方面以免税的形式吸引周边产粮区来此贸易。当时,劳动者主要是奴隶和普通人,劳动资料是土地,劳动工具不外乎水牛和简单的农作器具,因此对它们的管理与运用就格外重要。根据《马六甲法典》,马六甲王国鼓励拓荒,开垦荒地者可以取得该地的所有权,不过得是"真正"的荒地,而不是"好似";土地可抵押,但土地所有人要承担土地用途无法实现的风险,土地使用人也要尽到妥善照料的义务,对土地里的埋藏物不能据为己有。对土地的分配与利用竟然体现了法哲学的相互性、人的自治、分配正义思想,实在令人赞叹。如果说王国对土地侧重划清权属,那么对活物包括奴隶、牛则侧重定分止争。《马六甲法典》规定了奴隶致损、奴隶偷窃、他人盗窃或损害奴隶、丢失奴隶的追回、牛伤人的赔偿、人伤牛的赔偿等。比如不得贩卖处于饥饿或正遭遇船难的奴隶。好像很人道,但当时的奴隶不是不被当作人吗?因此应该不能从这个角度去理解,奴隶在当时只是主人的财产,贩卖奴隶相当于财产交易,饥饿或正遭遇船难的奴隶都是处于性命攸关的时刻,如果死了,那么使用价值就无法实现,买方就不干了,纠纷随之而来,法律通过控制行为,来减少争议,从而实现法的功能。这几百年前的法律在立法技术层面还是达到一定水平的,相关的规定都紧紧围绕保护农耕的目标。

古代中国旅行者描述马六甲不适合耕种,他们的理由是那里的土地含沙量大、白天与夜晚的气候差异巨大。真是这样吗?那怎么会有这么多相关法律?法律是对社会状况的描述,笔者的推测是那些古中国人只是在马六甲海岸停留,并没有深入马来半岛的腹地。据历史文献记载,单单在马六甲的郊区,大约有 1500 处果园与花园,出产各种蔬菜与水果。《马六甲法典》中,对于土地所

有、耕种规则、买卖土地和作物、使用劳力耕作等规定,也是当时农业在国民生活中占据重要位置的佐证。

三、马六甲王国治理文化中的成功因素

《马六甲法典》包罗了马六甲王国时期治理文化的万象,对 15 世纪起马来半岛的政治社会生活,甚至东南亚的伊斯兰世界影响巨大。马六甲的治理文化充满智慧,效果显著,下文是马六甲治理文化中最关键的三个成功因素,这三个方面的成功运作让马六甲由弱变强,成就了马来西亚古代史中的黄金盛世。

第一,藩属制度。效仿室利佛逝祖先的做法,马六甲王国的早期统治者意识到藩属制度的价值,他们认为中国是足以影响东南亚海岛地区的大力量。无论从国内政治看,还是从经济考虑,中国的保护可以退却任何外来的威胁,免受当时暹罗和麻若巴歇(又称满者伯夷)的侵害。于是,在明朝派人前往马六甲后,Parameswara 立即响应称臣,与中国明朝建立了正式的"藩属"关系,数次派人向明朝朝贡。Parameswara 去世,二世国王 Iskandar shah 亲赴北京报表,并维持与明朝的"藩属"关系。明朝在马六甲王国建立之初,为其提供长达 30 多年的保护,使该王国能够拥有足够的财力与军力,成为东南亚海岛地区一个不容忽视的王国。①

藩属制度被马六甲王国的后世统治者发扬光大、灵活运用。从二世国王 Iskandar shah 起,就迈开对外扩张的步伐。经过后世不断拓展,到马六甲王国中后期,整个马来半岛和除 Aru 和 Pasai 以外的苏门答腊岛存在的国家都主动归附或被武力征服。他们臣服于马六甲王国,成了马六甲的藩属国。马六甲国王作为他们名

---

① 梁志明等编:《东南亚古代史》,北京大学出版社 2013 年版,第 518 页。

义上的君主,通过以下纽带维系着看似松散的统治:朝贡纽带,藩属国定期须向中央进行财力或人力朝贡,藩属国的统治者被要求在某些场合必须觐见马六甲国王,如皇家典礼、传统典礼、宗教节日;法律纽带,藩属国有自治权力,虽然可以按照当地传统和习惯,实施自己的法律和正义原则,但很多法律深受马六甲王国的影响,如学者 J.R.Logan 曾评价柔佛律法为"马来法律原则的柔佛版",此外,死刑核准权由中央保留,违反者视为叛国;经济纽带,如控制藩属国的采锡权;政治纽带,中央政权负责保障藩属国的政权稳定和社会和谐;婚姻纽带,对一些容易叛变的藩属国,则采取中央皇室家庭与藩属国皇室联姻的方式,从而减少对抗、密切关系。通过上面的纽带,中央与藩属国"形散而神不散",共同造就海上帝国的传奇。马六甲王国高瞻远瞩地运用藩属制度,并且根据实际与变化将其发展完善,成为马六甲王国治理文化中的闪光点。

第二,控制马六甲海峡及附近水域,繁荣港口贸易。俗语说"靠山吃山,靠水吃水",这用来形容马六甲王国十分合适。马六甲海峡位于马来半岛和苏门答腊岛之间,马六甲位于马来半岛、处于马六甲海峡的东北岸,与苏门答腊的巨港、占碑等国家隔海峡相望。马六甲王国的创始者们意识到只有沿袭他们的巨港祖先的战略,控制海上航道和交通,让贸易成为经济的基础,农作物的收获只能排第二位。因此,历代马六甲君主都将马六甲海峡视为王国的"经济生命线",通过各种手段加紧对海峡沿岸国家的控制,到了王国强盛时期,马六甲海峡两岸有战略价值或潜在经济利益的地区基本都属于马六甲王国的势力范围,王国控制了东方和西方之间的贸易路线,获得大量财富。属于马六甲海峡附近水域的马来河,对马六甲王国的稳定与发展也功不可没,Parameswara 当年就是沿着马来河向上游逃跑,先是驻扎在玻淡,后来在海族人的建议下,又往上游定居于马六甲的。据《马来纪年》记载,马六甲与玻

淡之间有马来河相连,这成为官方航线,被皇室、官员用来传达来自马六甲城的决议,运输人力和物品,有效地避免了来自敌人的外来袭击,具有极高的战略性、实用性。

所谓"以夷治夷",占据有利地形,就需要熟悉并能驾驭该地形的人。上面提到的海族人就是这群人,海族人世代沿海而居,熟悉水岸环境。Parameswara 及其后继者成功延续了海族人与自己的马来祖先之间的良好合作关系,海族人承认马六甲王国的权威,并长期效忠于它,成为马六甲王国的坚强后盾和海军精英。两大族群之间的合作有力打击了海盗的猖獗活动,航行安全得到了保障,外国贸易者才能自由穿行马六甲海峡并进行贸易活动。

马六甲凭借马六甲海峡得天独厚的地理位置,成为船只的避风港、货物的集散地和交易地。每年都有一定数额的东方船只与西方船只到港,港中船只尺寸各异,战船、运输船、贸易船等一应俱全,这些船只携带大量来自不同产地的货物。随船的及马六甲本地的商人在马六甲交换各自需要的商品,或再运到本国其他地方、其他国家,转手出售以获利。马六甲也出口货物,主要是锡,它们被融化并铸成锡锭以方便运输。马六甲王国建立了组织精细的运输系统,船只使用与船员事宜受到系统规则与法律规范的双重管控。为了交易的公正与便利,港口统一了度量衡,铸造货币,平等对待所有商人。此外,港口设有一套监控通货膨胀和抑制价格过高的制度:先由专门委员会对进口商品估价,再按照协商好的份额在意欲购买者中分配。在商店中出售的进口商品售卖价格由上述所有意欲购买者协商确定。这类似于现代行业定价,并获得政府支持,多么睿智的举措!

港口的贸易参与度极高,不仅普通市民,连贵族、国王也纷纷"下海",有古籍记录马六甲的君主曾因直接参与几笔大买卖而获取巨额收益。当然,官商合一不可避免滋生腐败,拉大社会阶层差距,但是不能用现代的民主国家的标准去要求古人,君主制的马六甲王国还是从"全民皆商"的模式中强大起来,成为 15 世纪至 16 世纪初马六甲海峡乃至东南亚海岛地区的霸主。

第三,改宗信仰伊斯兰教。Parameswara 与他的随从团队,在室利佛逝都是佛教徒,佛教文化随着人的迁移而来到马六甲,成为王国初期统治文化。大约在 1409 年至 1436 年之间,马六甲的统治者接受了伊斯兰教,标志是与苏丹国巴赛的公主联姻。又根据《马来纪年》,二世国王 Iskandar shah 已经成为伊斯兰教徒;到三世国王时,伊斯兰教更加普及;后来,五世国王 Muzaffar Shah 将伊斯兰教定为国教,伊斯兰教渗透到马六甲王国社会各方面。

马六甲王国成功改宗是有条件的。首先,东南亚海岛地区已经受到伊斯兰文化的巨大冲击。海岛地区已经存在皈依伊斯兰教的大量先例,早在 13 世纪,苏门答腊北岸的苏丹巴赛王国建立并使商业和人口繁荣起来。在丁加奴发现的 14 世纪时王室命令地方官员遵守安拉教导的石柱,以及满者伯夷中心附近建于 15 世纪的爪哇人伊斯兰坟墓。拥有重要地位的港口城市包括苏门答腊沿岸、马来半岛沿岸、爪哇北岸、渤泥、苏禄等地成为伊斯兰教在海岛地区的宗教据点,并向周边地区辐射。马六甲是海上贸易路线的重要一站,中国、南印度、阿拉伯、波斯的伊斯兰商人云集此地,大量伊斯兰社团成立并成为马六甲王国社会的活跃因子,他们以伊斯兰文化经商处事,马六甲当地的商人不可避免地受到其浸染。马六甲王国是全民皆商的,上至国王、下至普通人对这种可以带来利益的文化并不抵触,加上伊斯兰商人的积极传教,很多当地人开始信奉伊斯兰教,伊斯兰教信徒由港口向内地扩散开来。

其次,本土宗教文化没有形成强势延续。在马六甲王国建立之前,马六甲只是一个小渔村,本地没有长期的统治文化,居民只遵从于习惯,即使处于室利佛逝附属时期,由于远离权力中心,文

化中心的辐射作用也已经微弱。因此,马六甲人对新都佛教的信仰未形成包罗万象的体系,政治与宗教的关联性不强。新的文化总是更容易在旧文化势力较弱的地方生根,这个规律在马六甲又一次得到体现。我们也可以在反例中体会这个条件的重要性,如16世纪,巴厘不仅没有臣服于伊斯兰文化,还将其吸纳到自己的印度文化中,采取兼容的态度,用巴厘丰富、复杂、自信的文化解释着宇宙及人。

再次,苏菲派神秘主义更易为当地人所接受。苏菲派是伊斯兰教派的一个分支,苏菲派与绝对之神安拉结合的目的,很容易与人类世界同精神世界之间存在着永恒的相互影响这类根深蒂固的文化态度相混淆。苏菲派教义中的许多概念能够触动东南亚社会的心弦,包括祈祷形式、师徒关系等。集商人、传教士、宗教学者于一身的传教者以海岛地区人们熟悉的肖像来解释神秘主义伊斯兰教的本质。[①]。

改宗伊斯兰教,给马六甲王国带来巨大的利益。从经济角度,马六甲改宗后,来到这里的穆斯林商人被给予优待,宗教习俗被尊奉,从而吸引越来越多的穆斯林前来经商、居留,港口发展成为东南亚海岛地区的穆斯林文化中心与商业中心。从战略角度,宗教的凝聚作用成功削弱满者伯夷的霸权,伊斯兰教成为摆脱满者伯夷统治的象征,同时有效遏制暹罗的南下企图。马六甲王国竖起了一面伊斯兰大旗,散布在海岛地区各港口的伊斯兰社团有了信仰的中心,而马六甲贸易的繁荣所带来的影响力,又将这些港口纳入自己的势力范围,宗教与政治牢牢结合,成为马六甲帝国的潜在屏障。

---

① ［新］尼古拉斯·塔林主编:《剑桥东南亚史》,云南人民出版社 2003 年版,第 428～429 页。

中国春秋时晋文公兴邦强国之道有三：民富、知礼、法制。我们发现历史总是有着惊人的巧合，不受国界所限。马六甲王国垄断经营马六甲海峡及附近水域，使国家强大、人民富裕；对源于中国"周礼"中的藩属制度，也从善如流，用于处理国际关系、中央与地方的关系，营造了有利的内外形势，同时，人民心中对上至国家、下至个人都存在的等级划分予以接受，构建了"礼"的核心价值观；加强法制建设，在马来伊斯兰法的框架内逐步完善立法、执法、司法、法律机构、法律人等领域，法制与宗教发挥合力，为王国的经济建设提供稳定的制度保障。马六甲王国有意或无意地借用晋文公的治国之道，并将其在本国发扬光大，成了当时东南亚海岛地区的"一霸"。

伟大的治理之道，利在当代，也惠及千秋。上文总结的马六甲王国的治理智慧，时至今日，在当代马来西亚治理制度中，仍可依稀辨出它们的痕迹。马来西亚的国家结构形式是联邦制，当初引入联邦制，也是考虑马来西亚各州苏丹长期割据而治的历史，在某种程度上，联邦制可以看作藩属制的现代升级版；马六甲海峡现在归马来西亚、印度尼西亚、新加坡三国共同管理、共有开发，对海峡事务，三国共享机遇、共克难关，三国都从马六甲海峡获得巨大经济、政治利益，这与马六甲王国何曾类似：海峡的垄断利益，古代归一个国家，现代由三个国家共享；伊斯兰教仍是马来西亚的国教，半数以上的国民信奉伊斯兰教，伊斯兰教法教义对现代马来西亚的治理制度影响巨大，政党、法律、国家机构、经济政策、教育、道德等均带有马来伊斯兰的色彩，不过，现代的马来伊斯兰文化较之马六甲王国时期，更具包容，更加人性化，现代马来伊斯兰文化正是站在古马来伊斯兰文化的肩膀上才看得更远的。

第二节　古代马来亚的法律文化研究 ❋ ❋ ❋

一篇总结马来亚法理学的文章中陈述:"马来亚法律从来没有用书面形式记录下来……它们经常是以让人们难以解释的隐语或者格言的形式表现出来。"①格言、谚语、诗歌包含了马来亚的法律文化,这些文化也会随着时间的推移慢慢地改变。RH Hicking 教授在其《马来亚法理学》一书中这样评价道:"流行的谚语体现了人们行为的基本准则,反过来它们又调整着人们的行为……由于缺乏记载,口头传承保存的社会行为标准只保留在口头的层面。在后来更为复杂而精细的社会中,这些行为规则被'翻译'为冗长而模棱两可的成文法……"②

在古代马来亚,源自统治阶级意志的法律,经常采用文学、诗歌等艺术表现形式,进入民间。随着时间的流逝,马来亚人在生活中逐步接受了这些法律思想,并加入自己的理解,从而形成马来亚特有的法律文化。

古代马来亚的法律文化,虽然有成文的文本法,像前文提到的《马六甲法典》,但依然呈现出法律形式化的特点。据考证,《马六甲法典》基本上只停留在文本状态,官员处理民间纠纷,对这部法典的规定只是参考,至于是否采用、采用多少则由官员根据案件的实际情况自行决定。于是,我们可以说《马六甲法典》并没有国家强制力保证实施。与此同时,与埃里希的"活着的法"相反,《马六

---

① RH Hickling,*Essays in Malaysian Law*,Pelanduk Publication,Petaling Jaya,Malaysia,1991,p.76.

② [澳]吴明安:《马来西亚司法制度》,张卫译,法律出版社 2011 年版,第196 页。

甲法典》更像是一部宫廷法,因为它几乎没有走出宫廷的大门,绝大多数老百姓对其内容并不知晓,对于普通民众来说,他们更多的是通过班顿、《古兰经》等的传颂,领会并遵循其中的规范性思想。这些模糊、笼统的价值规范就是古代马来亚法律在社会中的表现形态。马来亚古代法律文化是精英的法律文化,并非大众的法律文化;是特权法,而不是普遍意义上的法律。法律由社会精英按照苏丹的旨意拟制,并由以官员为代表的社会精英进行适用、解释,法律的对象主要是针对老百姓,社会精英们享有"法外特权"。法律中各社会阶层的权利义务并不对等,统治阶层一般是权利大于义务,普通百姓则是义务远大于权利。社会的"金字塔"形结构明显,这个时期人治绝对高于法治。法律与道德、宗教等其他社会控制手段差别不大。法律中仍然存在许多落后的、非人道的因素,如奴隶、酷刑等。服从君主、遵守习惯风俗、履行伊斯兰教义就是那个年代普通民众的法律意识。这一时期,本土马来人操控着国家与政治,而或经商或传教来到马来亚的华人、印度人、阿拉伯人,无论是这些外来人群自身还是本土马来人都不认为外来人群真正属于本地社会,他们不过是暂居而已。因此,外来族群人还是延续着母国的法律文化,这个阶段的马来亚多元法律文化还是处于各自独立、自我治理的层级,并没有真正开始混合和交融。

第三节 英国殖民地时期法律的近代化 ✿ ✿ ✿

殖民统治的影响在马来西亚大部分地区持续了不到一个世纪,却给当地带来了深刻的影响。四大遗产尤为突出。首先,人口方面的变化使马来亚成为一个多族群的社会。被引入该国的华人和印度人劳工带来了各自的习惯法,马来人则继续遵循着马来伊

斯兰法。广泛的宗教和文化上的分化,创造了许多观察家所称的"复合社会"。其次,在这一社会中,英国人保留苏丹地位,并为马来人在官僚机构的就职、土地所有权和教育资助等领域提供特殊地位,从而强化了马来人统治这一原则。这样的法律传统随之深入人心。再次,英国人创造了现代化经济发展的稳定环境,初步建立了现代法制的规则体系。最后,英国为马来亚的独立建立了强大而集权的官僚基础。它培养了一个有能力接管国家的精英集团,遗留下严格限制政治活动的准则,并将巨大的可任意支配的权力交到了官僚(包括警察)的手中。这些权力包括一项包罗万象的《煽动法》、实施严格的社团审批的法律、限制新闻自由的法律,以及一项允许不经审判便执行监禁的法律,即《国内安全法》的前身。①

一、殖民者对马来亚本土法律的改造与实践

至 18 世纪中叶,英国成为当时殖民主义的头号强国。英国人急于想在印度至中国的航线上找到一个合适港口,东南亚海岛地区便成为英国争夺的对象。18 世纪末,荷兰东印度公司迅速衰落,英国人抓住这一时机,大胆扩张其控制范围,陆续取得槟州、新加坡、马六甲的控制权。英国人通过骗取马来王国的割让占领槟州和新加坡,又与荷兰交换殖民地获得马六甲。槟州是英国人在马来半岛取得的第一块地盘。1786 年,英国人从吉打苏丹手中接管槟州时,当地治安混乱,英国行政当局的主要精力只是维持当地秩序而已。当地的一些习惯法继续适用,考虑到英国法的公平正

---

① [澳]约翰·芬斯顿:《东南亚政府与政治》,张锡镇等译,北京大学出版社 2007 年版,第 158 页。

义,又加入了英国法的内容作为权宜之计,但仍然相当的粗糙和混乱,出现过一些很奇怪甚至非常苛刻的判决。直到 1807 年英国政府颁布了殖民地第一部《皇家司法宪章》,这部宪章标志着英国法首次以立法形式引入这个国家。新加坡是伴随英国的占领在 1819 年诞生的。这里原本荒凉而未开化,英国人驻扎带来的商机吸引了大量的移民,其中以华人居多。由于原住民极少,基本不存在法律改造问题,已经生效的第一部《皇家司法宪章》也扩大适用到新加坡。不过,这种法律移植过程也必须符合新生殖民地的环境与条件。在新加坡,法律移植的主观筛选和区分以服务当地贸易、保护商人财产为导向,所以英国法中诸如维持神职人员、宗教法庭的管辖等条款,都被排除在新加坡之外。在新加坡,只需要按照普通法的模式创立司法机构,而不用设立执行其他法律的法庭。新加坡立法议会成为当地的最高权力机关,对全体居民负责。马六甲殖民地在 1824 年被英国取得时的法律状况有些不同。在 1511 年和 1641 年葡萄牙人与荷兰人分别占领该地区之前,强大的马六甲王国已经创立许多法律和制度。在长达三百多年的殖民统治下,马六甲社会秩序井然。在其被转让给英国人之时,当时该地区所适用的法律有马来亚习惯法、伊斯兰教会法、非马来族裔的习惯法以及一些荷兰法。这种情况下,只要不与英国法的基本原则相冲突,当地业已生效的法律继续保留。殖民政府重新任命行政、司法官员,这些官员的政令与判例成为马六甲新的法律渊源。英国殖民者要么自己行使立法权与司法权,要么委托当地居民的代表或头人自行管理。总的来说,英国人建立了统治马六甲的机构,但并不改变原有法律和传统,所以社会生活中的各族群文化和传统绝大部分没有因为掌权者的变动受到影响。

　　扩张的殖民版图将更多的法律关系置于英国议会的控制之下,特别是马六甲的加入,英国法的适用不确定问题凸显。于是,

随着 1826 年海峡殖民地的建立,第二部《皇家司法宪章》出台。其中明确规定,应适用 1826 年 11 月 27 日业已存在的英国法,此后应参照当地的具体情况适用法律。自此,英国法成为早期海峡殖民地的基本法,英国普通法及相关内涵正式进入马来亚法律体系。不过,海峡殖民地的司法实践却不尽如人意。整个海峡殖民地最初只有一位职业法官,被称为"首席司法官",在一些未受过法律训练的非专业法官协助下工作。所有到任的首席司法官均以槟州为其总部,每年只到新加坡和马六甲巡回办案两次。与此同时,随着人口增长和商事活动的增加,大量案件积压,新加坡的情况尤其如此。英国人意识到这一初具成型的、配置可怜的司法体制远不能适应海峡殖民地的迅猛发展与繁荣的经济,遂于 1855 年颁布了第三部《皇家司法宪章》。该《宪章》的颁布使殖民地的司法体制得以重构。英国人为新加坡专门任命了一位首席法官,槟州首席法官不再管理新加坡法律事务。随着 1876 年海峡殖民地行政管理权从印度转归英国政府直辖,该地的法院体系又一次发生变动。新加坡的首席法官成为海峡地区的首席大法官,而槟州的首席司法官被称为槟州法官。这一变动实际上承认了新加坡迅猛发展的地位,也反映出新加坡的地位超越槟州的事实。英国政府还从皇家法官中为殖民地指派了总检察长和律政司司长。根据 1868 年第五法令,新加坡、马六甲设立的威尔士王子法院被取消,一个名为海峡殖民地最高法院取而代之。1873 年,海峡殖民地最高法院由四位法官重新组成。他们是:首席大法官、槟州法官、资深高级法官、普通高级法官。此外,还创设了上诉法院。至此,海峡殖民地的法院体系逐渐成为现代意义上的法院系统。①

---

① [澳]吴明安:《马来西亚司法制度》,张卫译,法律出版社 2011 年版,第 26～33 页。

尽管海峡殖民地在 1807 年、1826 年、1855 年分别出台的三部皇家宪章,大多照搬当年的英国法,但是,三部宪章特别规定:只要条件允许,不同群体的诉讼当事人的宗教、习惯、风俗应当被尊重。因此,英国法被改造性地适用于不同族裔、习惯的人群,并且存在空白适用区域(对家庭等问题,仍然适用地方法)。在马来联邦,不存在皇家宪章,直到 1937 年才以成文法引入英国法。在未入邦的马来亚州,这个时间更晚些,为 1951 年。但这并不意味着此前没有英国法的引入,理论上,在这些地方,马来人适用他们的习惯法或者伊斯兰教会法,非马来人适用他们自己的法,英国人则适用英国法。[①] 什么族群的人适用什么族群的习惯,理论上说得通,但是实施起来,并不那么轻松。

二、殖民者对马来半岛制度的构建

二战前,英国殖民政府将马来亚分成三个行政区进行统治,分别为海峡殖民地、马来联邦、马来属邦。对后两个行政区,英国人在消灭了所有的反对力量、撤掉所有奋起反抗他们的苏丹和酋长后,受英国人承认的苏丹被授以一点管理自己邦国的权力,各邦国的界限过后也明确划分出来了。而此时,苏丹的真正权力已经完全或部分地被英国人窃取了。在政治上,苏丹开始成为马来政治主权的象征,唯没有任何权力去作出本身的决定或实际落实它,因为苏丹总是得把事情交上去,请示英国驻扎司或律政司。在新的政府里,马来联邦中最重要的官员是驻扎司,而在马来属邦相对应的是律政司。全部马来诸邦的最高官员是最高专员,相当于海峡

---

① ［澳］吴明安:《马来西亚司法制度》,张卫译,法律出版社 2011 年版,第 39 页。

殖民地的总督。而事实上，直到 1942 年，最高专员和总督都由同一个人担任。1909 年，联邦议院成立，以最高专员为主席，成员包括总驻扎司、马来联邦的四位苏丹和四名驻扎司，加上四名代表园丘和商业利益的非正式成员。联邦议院的职务主要是在推出新政策和条例方面，向最高专员提供咨询。显然的，在立法、政策和法律的行政管理和推行层次，英国人的影响力最大。随着行政管理事务量的增加及日益复杂，海峡殖民地分别设立马来亚民事服务机关和马来政务服务机关。英国官员是将政治（制定政策）和行政管理（落实政策）的功能相结合。对于像驻扎司和律政司等高级官员尤其是如此。马来官员的职责只是推行来自上方的政策和指示，他们在决策上毫无作为，这是可料到的，因为他们总是从属于英国人。当新的立法议院在 1948 年联合邦协议后成立时，许多活跃于巫统的官员成了议院的具影响力成员，在 1951 年，英国人采取步骤推出内阁制，马来名流被委掌相关部门。马来官员军团不只参加政治和立法机关，还介入政党之间政治之争，最尖锐的竞争发生在巫统和国家党的支持者之间，巫统得以胜出，成为马来亚独立后的领导者。公务员直接参政在独立后结束了。独立之后采用的宪法强调把公务员职务限制于行政管理事务，他们得执行当政的政治人物所作出的决定，无论如何，公务员可继续成为政党的普通党员。本国政治人物决策国家大政方针，由公务员予以落实。慢慢地，专业人士和其他中层阶级分子宣告增加。与此同时，武装部队也加以扩充以确保和平和安全。虽然军警是在政府的控制下，在一般的情况下，他们的专业和专门能力使他们看起来不受行政人员和政治人物的干预。这里所要强调的是：政治、行政和军事

（包括警察）已经分家，各有自己的职责和官员。①

除了政治制度的构建，殖民者对土地制度也加以改革。马来亚是传统的农业社会，土地对社会的稳定和发展意义重大。海峡殖民地时期加强了对土地的管理。切蒂亚商人是印度人在马来亚商业阶层的先驱，在很早以前就来到马来亚，拥有强大的经济实力。他们主要从事高利贷业务，并与马来亚的经济交织在一起，几乎影响了整个马来亚社会。土地所有权作为债务抵押，当无力还贷时往往落入切蒂亚人之手。起初，殖民政府因为需要切蒂亚人的投资来发展经济，对这种土地兼并行为只是在某种程度上做了限制。1913 年出台的《马来人保留地法》规定，非马来人不能拥有土地。但精明的切蒂亚人钻了法律的漏洞，利用马来人的名义代表其拥有土地。20 世纪三四十年代经济大萧条，切蒂亚人的高利贷导致马来亚的许多农民和小资产者负债累累，许多马来家庭陷入无地的境地。1931 年《销售限制法》和 1933 年《马来人保留地法》，意在保证农民的土地所有权、摆脱印度高利贷者的控制。《马来人保留地法》明确了马来人的土地不能被抵押贷款而转售，马来人的土地不允许转让、交易、租赁，或者以其他方式处理给非马来人。即便是钻了 1913 年《马来人保留地法》的空子，切蒂亚人控制的马来人土地，仍被政府认定为非法交易，切蒂亚人对此要承担全部责任。1935 年的《高利贷法》进一步限制了放高利贷者的放债行为。② 切蒂亚商人的土地兼并行为，促进了马来亚土地管理的法制化，对其土地制度的内容、目标、执行等产生了很大影响。

---

① ［马］赛·胡先·阿里：《马来人的问题与未来》，赖顺吉译，马来西亚永联印务 2010 年版，第 29～32 页。

② 罗圣荣：《马来西亚的印度人及其历史变迁》，中国社会科学出版社 2015 年版，第 90～93 页。

三、马来半岛传统法律思想与近代西方法律思想的碰撞与融合

马来民族的传统法律思想大部分体现在传统道德价值观中。法律思想与个人的品德修养关系密切。马来西亚当代学者伊斯迈尔·哈密德认为:"某个社会所推崇的价值就是这个社会所有成员的最高道德准则,由这个社会所制定的各种法律法规,也是以这些准则为基础的。"因此,他在其著作《马来社会与文化》中综合宗教和风俗的影响,总结归纳了传统马来社会所推崇的所谓"十三种美德":斯文有礼、虚心谦虚、慷慨大方、诚实忠厚、小心谨慎、耐心隐忍、坚强不屈、互相帮助、团结友爱、信守诺言、尊重父母和老人、忠于君主、遵守习俗。①

马来半岛的传统法律思想属于伊斯兰世界,又不全是伊斯兰法律思想。源于中东商贸的伊斯兰法律思想,在马来半岛因为时间、空间与形势的因素产生"各适其所"的调适,至今带有拜物教、佛教和印度教的痕迹。伊斯兰教与西方的基督教有许多共通之处,它们同属于闪族宗教,"得救"观念是两者的一个基本前提。信教是因为我们有所求于唯一的神——求得救、获得永生,以期在闪族宗教都存在的最后审判日里得到救赎。伊斯兰教的平等观念在《古兰经》中有所体现,指同教胞之间是无所谓族群、阶级、国籍的差别等级。这种普遍性的平等观念,与西方不强调血缘、地缘、业缘、国籍的平等思想,差别不大。②

---

① Ismail Hamid, *Masyarakat dan Budaya Melayu*, Dewan Bahasa dan Pustaka, Malaysia ,1988, pp.73,88.

② [马]孙和声:《华人文化述评——兼论东西文化、宗教与人生》,马来西亚永联印务 2007 年版,第 130~131 页。

同时，马来西亚法律思想的渊源多元化。既受到西方的民主自由思想、自然权力观念的影响，又受到各种宗教法思想与族群习惯的制约。特别在法律文化结构中较深的层次——法律观念方面，西方输入的法律观念与马来西亚当地的法律传统产生激烈碰撞。一些西方法律观念随着制度的移植，逐渐被马来半岛人所接受，但我们无法否认思想观念中的顽固因子，它们拼命维系着本土文化与价值观。在法律近代化的进程中保留下来的法律观念，尽管有时看起来似是而非，然而这才是符合马来亚需要的法律观念。

近代马来半岛的法律思想也塑造着马来民族主义。马来民族主义是由受过西方近代教育的马来中上层人士主导。它的发展是渐进的和缓慢的。由于缺乏工农群众的支持，马来民族主义转向王室和贵族，这又使马来民族主义为王室传统的思想所束缚，从而具有浓厚的保守主义色彩。而普通的马来群众，绝大多数仍然处于马来上层的影响下，拥护王室、苏丹的主张。因此，马来民族主义一方面尽力维护马来民族的利益，增强马来人的意识和他们的伊斯兰教观念，另一方面又拥护马来上层的利益，维护传统的社会结构。①

---

① 贺圣达：《东南亚文化发展史》，云南人民出版社2010年版，第387页。

第四节　近代多元社会造就多元文化
必然形成多元法律　✳ ✳ ✳

一、马来人的伊斯兰法与习惯法

马来人的来源有多种版本,但马来人确实是马来半岛人数最多、影响最大、较早定居的人种。从语言学和文化学看,居住在整个马来群岛的住民,被当成是同种,称为马来人或马来—印尼人。马来世界跨越广大地区,其居民组成了世界的一个主要族群。马来民族作为东南亚海岛地区的一个古老族群,有着独特的传统和鲜明的特色。马来传统社会一直是以村社为单位的传统农业社会,伊斯兰教教义和马来传统习俗构成的核心社会文化价值成为影响其民族性形成的突出原因,传统马来土邦的封建阶级分层、热带气候和稻作文化成为其民族性形成和影响民族性的重要因素。在这样的综合因素影响之下,马来民族形成了自身独特的行为方式。《马来人素描》(*Malay Sketches*)是英国殖民官瑞天咸(Frank Swettenham)在 1884 年出版的评价马来人民族性与生活景观的书。书中对马来人的描写今天看来仍然入木三分。

"马来人一般上等级意识较强,也较喜欢做官,是个等级社会。通常是善良的人,举止有礼,也易于交谈。他们勇敢,也可信赖,可是却喜欢花钱,也爱借钱,且通常还得慢。讲话喜欢引用各种比喻与成语,更爱讲笑话与八卦。他们既相信天命也颇迷信。他们一个令人注目的特点是,特别保守,爱乡土爱人民,尊重习俗,敬畏君主与权威,他们也对所有的改革持有怀疑,更不喜欢强加于他们身上的改革。因此,若要他们相信某一项改革是好的,就需要耐心劝导而不宜强加。若加以训练他们也可成为好的技术人员;只是,他们颇懒散做事也没一贯的程序与方法,即便用餐时间也没准,时间观念差。"

与此同时,马来西亚国内的思想界也对马来民族自身的特性有一定的审视。如马来西亚当代学者沙阿里·伊萨在其著作《X文化 Y文化》中这样总结道:"马来人自古以来就以讲究礼仪而闻名。他们是一个彬彬有礼的民族。与讲究礼仪密切相关的是心地善良温和,懂得报恩。马来人非常乐于向有困难的人伸出援手。"马来人的"心软"也体现在现代国际关系中,在国际争端当中马来西亚政府都采取了柔和、谦让的态度。这种态度还体现在马来西亚国内族群关系当中,正是马来人这种柔和的态度才营造出马来西亚国内和谐的族群关系和稳定的政治局面。

从法学角度,根据《联邦宪法》,马来人定义为:"凡信奉穆斯林的宗教,习惯说马来语,遵循马来习俗,以及:(1)于独立日前在联合邦或新加坡出世,或父母其中一人是生于联合邦或新加坡者,或在独立日定居于联合邦或新加坡;或(2)是该类人士的子女。"马来人的宪法定义明显不同于语言文化的,除了地域局限性,宗教、语言、习俗也是鉴定尺度。法律上的马来人享有特别地位,维护马来人的特别地位是最高元首的义务。特别地位涉及民事服务公务员的招聘、奖学金的颁发、教育及训练机会,以及准证和执照的发出。最高元首有权决定适当的固打,保留给马来人。① 笔者认为可以将宪法定义与语言文化学定义结合起来,考察马来人社会。

对穆斯林来说,伊斯兰不仅是一种宗教,更意味着一种生活方

---

① 〔马〕赛·胡先·阿里:《马来人的问题与未来》,赖顺吉译,马来西亚永联印务 2010 年版,第 2～3 页。

式。它包括法律的、社会的、道德的秩序,囊括了生活的全部。像其他宗教法一样,伊斯兰法的基础建立在宗教信仰之上。伊斯兰法是从《古兰经》中获得灵感,而《古兰经》是真主对穆罕默德的启示,在这位伟大的先知死后,由其跟随者记录整理而成。所有穆斯林心中的神书《古兰经》成为伊斯兰法的基础。《古兰经》指引出一切的对与错,贯穿着人们生活的方方面面,方便穆斯林对照实施。由于信仰、哲学的不同,出现了一些伊斯兰法学校,它们可以被分为两派。什叶派主要存在于伊朗,逊尼派构成了穆斯林世界的大多数。从教法角度,伊斯兰教分成四大学派:哈乃飞、马利基、罕百尔、沙菲仪。马来西亚的穆斯林主要是逊尼派,属于沙菲仪教派。沙菲仪教派认为伊斯兰法的四大根基是:《古兰经》、先知的圣行、调查研究与类比、协商一致,其中协商一致的影响最深远。几个世纪以来,伊斯兰已经形成精制而复杂的法学体系,秉持纯粹、有时甚至有点僵化的逻辑,穆斯林被要求履行"五功":念功、拜功、课功、斋功、朝功。

起初,伊斯兰法的实践在各州之间并不相同,甚至对某些情况,同一州的不同地区都不一样,它们受到各种各样习惯的影响。因此,通过一部联邦法律处理所有州的伊斯兰法问题并不可行。伊斯兰法的管理被留给各州,各州有自己的宗教首领,导致马来西亚的宗教管理缺乏统一性。殖民地时期英国人对马来各州事务的介入,在某种程度上促进了伊斯兰法管理实施方式的正规化。受其影响,许多马来人州修改原有法律,以图伊斯兰法成为主要法律。比如彭亨州法律将报应、非法交往、鸡奸、盗窃、抢劫、叛教、祈祷疏忽、圣战、程序、证人、起誓等带有伊斯兰法色彩的条款纳入其中。此外,彭亨州的伊斯兰法还涉及贸易、买卖、担保、许可、投资、合同、劳资、赠予、捐助。1911 年丁加奴州颁布的宪法中有法庭构成的规定,为丁加奴州伊斯兰法的实施提供了依据。马来联邦上诉法院在 1927 年的判例中宣布"穆斯林法不是外国法而是地方法，是这片土地的法律"。在各州马来统治者与英国殖民者签订的条约中，尽管苏丹们同意接受英国人的建议，但是马来人的宗教和习惯问题不适用上述条约。更多的伊斯兰婚姻家庭法随之在海峡殖民地产生，并引发蝴蝶效应，新加坡、马六甲、彭亨州也出台了《伊斯兰法管理条例》，对伊斯兰法的适用从此更加规范。

即使伊斯兰法已经在马来半岛站稳脚跟，马来习俗的力量仍起着平衡作用。马来西亚主要有两种习惯法流派：perpateh 习惯法、temenggong 习惯法。Perpateh 习惯法源于苏门答腊的米南加保，主要适用于米南加保早期移民的两个聚集地——马六甲的 Naning、森美兰州。Temenggong 习惯法也起源于苏门答腊，但是两种习惯法的特点几乎截然相反。Temenggong 习惯法是父系的、专制的，然而 perpateh 习惯法是母系的、民主的。在刑法和民法实践中，两种习惯法也相应地呈现出相反的特点：temenggong 习惯法的刑事处罚基础是"以眼还眼"，即报复性；perpateh 习惯法则侧重采取措施来纠正不公，即补救性。夫妻离婚时共同财产的分割问题是马来习惯法的焦点。两大习惯法的差异体现在夫妻共同财产的称谓，更在相关内容上。财产仅仅通过女性继承人合法转移是 perpateh 习惯法的主要特点，配偶和儿子没有继承权。要适用 perpateh 习惯法，首先要有证据证明财产是夫妻共同获得的，在离婚时就得提出，过时无效。Perpateh 习惯法并非不可改变，它会随着时代的变迁、现代社会规则而变化。州法律（包括立法）会令这种变化加速，立法与州政策密切相关。为了伊斯兰原则更充分地运用于夫妻共同财产纠纷中，通过立法（《习惯法上的房地产保有权法令》）对习俗加以改变：只有行政长官认可为 perpateh 习惯法上的土地，才能按照习惯继承，没有认可过的土地，按照伊斯兰法继承。是否被认可为 perpateh 习惯法上的土地

由行政长官裁决,由此赋予行政长官一定的自由裁量权,并且没有对应的责任,且行政长官的裁决将被记录作为决定性证据,确定土地是否按照 perpateh 习惯被占有。因此,确定行政长官作出的裁决是否必要与合适,只能指望法庭,只有真正是 perpateh 习惯法上的土地并且被认可的,才能按照习惯法继承。不过,排除 perpateh 习惯的适用,需要强有力的反证。根据 temenggong 习惯法,如果财产是在婚姻存续期间,通过夫妻双方共同的资源或努力获得,就是夫妻共同财产,除非夫妻一方能够提供反证。结婚前的财产不是夫妻共同财产,一方可以就自己对另一方财产上的劳动要求报酬。即便财产登记在夫妻中的一人名下,只要是共同获得,另一方也有对财产的份额。根据马六甲的 Naning 习惯,部族的土地应当被保留,不得转让、出让、抵押或处理给部族成员以外的人。如果部族的土地被登记在非部族成员名下,部族有权赎回该土地,如果该土地已产生收益,归土地原持有人所有。马六甲习惯法上的土地,不能随意遗赠,当持有人死亡,应该按照穆斯林法由死者的继承人继承。在森美兰州,州宪法维持和保护森美兰州的古老习惯法。在 1959 年现行州宪法颁布以前,森美兰没有书面宪法。宪法性文件存在于苏丹、四大酋长、英国政府缔结的各个条约中。同时,习惯法在各自的领域继续控制着政治、社会、经济生活,只要它们不妨碍英国的政策。1959 年的现行宪法保留古老的宪法性文件和习惯,该宪法明确排除事项和不符合该宪法规定的事项除外。森美兰州根据州宪法设有主管习俗审判的最高法院,对州内有关马来习惯以及统治者对其他事项的疑问“发表建议”,该建议具有法律约束力。宪法和其他书面法律授予主管习俗审判的最高法院的权力,不得由普通法院非法取代。为了方便 perpateh 习惯法的管理,森美兰州被划分为四个区:Rembau、Johol、Jelebu、Sungai Ujong,每个区由各自的酋长领导。

Perpateh 习惯法的管理等级制度衍生了复杂的选举制度。部落划分为许多氏族,氏族还会再细分。除了四大酋长,从部落首领到氏族首领都是由普通部落成员选出。森美兰州四个区的酋长选举,经常因为氏族成员不充分理解与尊重习俗面临争议。森美兰州的苏丹由四个区的酋长根据习俗选出,并且只能是皇室家庭中的一人。因此,perpateh 习惯法的管理等级制度呈现出某种民主的印迹,其中,民主选举程序的核心是"被选出,也可被革职"。Perpateh 习惯法的管理体系建立在协商的基础上,而不是像 te-menggong 习惯法那样,建立在自上而下的命令之上。在 perpateh 习惯法下,社会是至高无上的,而非个人,集体利益超越个人利益,社会的基础是社会各组成部分的相互依赖。因而,可以这样理解:公平与正义是 perpateh 习惯法的支柱与前景。①

二、华人的习惯法

华人是马来西亚第二大族群,仅次于马来人。据中国史籍记载,早在公元 1 世纪就有中国商人来到马来半岛,到 15 世纪初,马来半岛已有中国商人的基地。18 世纪后半叶到 19 世纪后半叶,在英国殖民者侵占马来亚期间,为了从事开矿和种植业,英国殖民者从中国东南各省招募大批廉价"契约劳工"。后来,发生世界性经济危机,英国殖民者不再允许华人移入。二战后,华人移入基本停止。如今华人在西马和东马都有分布,西马的华人主要分布在马来半岛的西海岸,东马的华人大部分居住在沙捞越州。② 马来

---

① Sharifah Suhanah Syed Ahmad, *Malaysia Legal System*, LexisNexis, Malaysia, 2007, pp.27-38.

② 马燕冰,张学刚,骆永昆:《马来西亚》,社会文献出版社 2011 年版,第 45～46 页。

西亚的华人主要分为"广州帮""潮汕帮""海南帮""福建帮"等帮派,他们都深受儒家思想的影响,宗教普世化,信仰功利化。华人大多勤劳勇敢,具有创业和竞争精神,华人的平均收入水平高于其他族裔。

早在殖民地时期,对涉及华人习惯的法律问题,处理方式与处理印度裔类似问题的方式就不同。华人属人法的查明问题突出。中国家庭的基本风俗虽然可以查清,但当裁决具体的案件时,例如继承、收养,基本风俗往往太模糊和不确定,无法支撑判决理由,对于特殊的和地方的诉求,也没有权威可以诉求。终于,1893 年霹雳州的 Perak Order in Coucil No.23 正式承认华人的习惯,并汇编成条文。其他马来各州没有编纂华人的习惯法,就将霹雳州的法律规定作为他们的参考。这样,促进了属人法在马来半岛各州一定程度上的统一,同案不同判的情况得以减少。

对华裔,司法机关适用的不是纯粹的中国习惯法,而是中国习惯法与英国法的混合法。这种混合法,一方面满足了华人移民在异国他乡,须要确立中国社会文化和习惯伦理标准的诉求;另一方面,殖民当局通过英国法在领域内的适用加强管控。由于在殖民地中国法文献的匮乏,殖民地法官无法充分理解并运用中国传统法律,他们只能完全依赖于大清律例的英文版本和其他的一些文本,对于一个外国人来理解复杂的中国法实践,这显然是不够的。殖民初期,殖民当局在各个中国社区委托一名首领进行治理,首领承担着联络华人社区与英国殖民政府的作用。中国人喜欢生活、活动于家族或社团内,在远离故土的地方,逐渐形成按照姓氏或行业建立联系的团体。这些"外乡人的团体"被视为中国人在他乡的营地,中国人之间相互帮助和保护,对外采取措施进行自卫。中国首领、秘密社团、家族成为中国人在异地他乡规范中国人自身事务的途径。然而,中国习惯的局限性日渐明显:越来越多的中国移民信仰不同的宗教,其习惯并不一致;操着不同口音的中国移民的习惯并不相同,只有婚姻家庭领域例外。① 中国人社会的上述自治状况没有维持多久,英国殖民政府开始对地方居民事宜施加更直接的控制,特别是通过《皇家宪章》命令英国法为殖民地当地法。政治上的间接控制转变为直接控制意味着法制方面的变化:由中国人首领按照中国习惯进行管理,转变为由英国法官以英国法和中国习惯进行统治,最后,变为由英国法进行管理,同时考虑中国习惯。对马来西亚(马来亚)的华裔,中国习惯逐渐让位于秉承西方法律观念、更适应现代社会的法制。

华人的属人法主要体现在以下几个方面:

第一,华裔的婚姻家庭问题。按照中国的法律和风俗习惯,一夫多妻是合法的。早期到马来亚的移民中经常出现一夫多妻的情况,法庭的认可问题在海峡殖民地和马来各州都存在。在著名的"六寡妇案"中,法庭正式承认华人婚姻的一夫多妻制。主审法官认为这样的判决不仅基于《皇家宪章》对英国法适用于个人问题的保留,更是出自对公共政策的考量,否则一夫多妻制下的妾及其子女的权益无法保障。自此,华人的习惯不再是外国习惯,而是地方习惯,已经得到了立法与司法的权威认可。承认一夫多妻制,意味着婚姻中所有的妻子在法律上是平等的,如果丈夫去世又没有遗嘱,她们享有平等的继承权,女儿和私生子也有继承权。对应的,根据中国的习惯,"一夫多妻制"下的丈夫对妻子的财产不享有权利。我们看到,法律虽然赋予中国习惯以地位,但对中国习惯的内容予以调整,习惯中与平等、公正、自由等价值严重背离的,则不予保留。从法理学角度对上述问题进行分析,殖民地在移植他国法

---

① Rau & Kumar, *General Principles of the Malaysian Legal System*, International Law Book Service, Malaysia,2006,p.161.

的过程中,究竟移植中国法还是英国法,以先进性、相容性、适时性、配套性①四大标准综合考量进行取舍,马来半岛的法律制度正是在众多这样的取舍中,逐渐完成法制现代化的过程。一夫多妻制是属人法,当事人一方或双方必须是华人,至于当事人的宗教信仰在所不问。

　　根据中国传统,缔结婚姻须经过复杂的婚礼仪式,在马来半岛,华人结婚是不是也必须有这一步呢?马来亚的法官在相关案件的审理意见中认为:"虽然不须要证明仪式,但须要证明:组成永久家庭的意愿、长期持续的同居、婚姻的名义(来自男方家庭的认可最有力地赋予婚姻的名义)。"后来,面对许多对妾侍身份的认定案件,法庭接受的有效婚姻的要求降低为双方相互的同意。仪式、正式的婚契、婚姻的名义、照片仅具有证明意义,并不是获得妾侍身份所必需的。根据中国传统,离婚属于丈夫单方面的意愿,仅仅要求公开表达。这样的法律传统被马来亚的司法机关采纳,直到马来西亚独立后很长时间,这些过时的华人结婚、离婚习俗才被废止。不过,殖民地时期赋予华人更大的婚姻自由权。根据中国传统,女性的婚姻必须征得监护人的同意,而在海峡殖民地,只要其他方面符合婚姻缔结的条件,即使缺少监护人的同意,婚姻也有效。同时,对请求恢复婚姻权利的诉求,法院也没有管辖权。婚姻完全成为当事人的私事,当事人享有意思自治,这打破了中国传统上官家可以插手婚姻的习惯,促进了海峡殖民地华人习惯法的进步。

　　中国的风俗建立在父权制家庭、家族的基础上,男性继承人承担着家族祭祀的重任。因此,没有男性继承人的家庭通常会收养

---

　　①　苏晓宏:《法理学原理》,法律出版社2013年版,第272页。苏晓宏教授在《法理学原理》一书中,认为法律移植的条件为:先进性、相容性、适时性、配套性。

男性,有男性继承人的家庭也会收养更多的男性。中国的收养传统和家庭关系被马来亚的法庭予以承认,儿子(无论亲生或收养)与父亲的家庭产生关系,但是,与母亲的家庭不会产生同样的关系。收养的条件、程序、收养人资格、登记等,参照霹雳州的 Perak Order in Coucil No.23 执行,不符合规定的收养不具有法律效力。不过,殖民地时期法律在处理无遗嘱财产时,是承认女性的继承权的。这一点并没有盲从中国古代的法律和习俗。

第二,慈善问题。对慈善信托或为了慈善目的的依约赠予行为,法庭是否接受并适用习惯法不如对其他法律关系那样明确。基本上,法庭用英国慈善法,来解决习惯法在这一点上的混乱。这样的做法有待商榷,比如中国佛教徒赠送的用于消遣的礼物,在伦敦可能不被视作有益大众的,而在槟榔屿则被认为福泽大众。这样的差异在宗教特色的礼物上,更加明显。诸如,某物在坎特伯雷是迷信,在新加坡则是慈善。在 Choa Choon Neoh v. Spottiswoode(1869)1Ky 216 案中,遗嘱人要将自己土地的租金和收益用于 sin chew 仪式。这份遗嘱被法庭认为是无效的,上述财产具有永久持有性,不得用于慈善。主审法官认为:"此判决不是依据任何成文法,而是根据普通法的重要原则,即对于新兴的社会团体,应当确保其财产(不动产或动产)的完整性,使其充分发挥商业价值,以有利于或可能有利于社会团体。上述规则的适用,不考虑该财产主人的宗教、族群等状况。"上面的案例拒绝将财产与人身绑定在一起,更多出于公共政策的考量。在马来亚陆续出现了更多的类似案例,关于中国式祖先崇拜的合约、家族墓地的合约等,因为破坏了财产的公益价值,都被法庭认为从一开始便无效。然而,在海峡殖民地直接适用英国法没有问题,因为海峡殖民地属于被割让的领土,而马来联邦并非被割让或新占的土地,只能以立法的方式引入英国法,确切地说,英国法的原则和判例。慈善不得

破坏财产的公益价值原则,基本上在马来半岛得以适用(不排除个别法官意见相左作出相反判决)。

三、印度人的习惯法

公元初年左右,印度人开始移居马来亚,最初主要是僧侣与商人。[①] 自此,马来亚文化深深烙上了印度文化的印记。从公元前至公元 13 世纪,梵语被尊崇为神圣的语言,并作为传播文学之用语;古印地语对马来语的影响亦很广泛,已深入日常生活中的各个方面。[②] 尽管后来的马六甲王国改宗伊斯兰教,但印度文化仍在一定程度上影响着马来亚,通过习惯或观念传承着。英国在马来亚建立殖民统治后,大量印度人开始移居马来亚,这些来自南亚次大陆不同地区的移民有着不同的语言、宗教、文化,其中以南印度的泰米尔人人数最多。独立后的马来西亚政府出于政治上的目的和行政管理的需要,将他们统一冠以"印度人"这个称谓。

在移民马来亚后的印度人社会中,印度人特有的种姓禁忌的陋习并未因在新的环境里消弭,宗教色彩仍然浓厚,宗教的认同往往超越族群的认同。种植园里的印度劳工无法改变自身及后代贫穷的轮回,其他的印度人多集中于低薪的工作领域,高薪专业人士比例在三大族群中最低,印度商人也没有形成一个具有代表性的产业。印度族群的竞争力总体上不及华人,又无法享受马来人享有的特权,在市场竞争中常常处于劣势。印度人内部分化严重:以种植园劳工为代表的印度人通常是以泰米尔语言作为通用语,而

---

① K.A. Nilakanta Sastri, *The Beginnings of Intercourse Between India and China*, Indian Historical Quarterly, Delhi, India, XI V 1938, pp.380-387.

② 罗圣荣:《马来西亚的印度人及其历史变迁》,中国社会科学出版社 2015 年版,第 29 页。

以商人、知识分子、公务员为代表的印度人则是接受英语教育。由于语言和文化背景的差异,泰米尔语群体和接受英语教育的两个印度人群体之间明显存在隔阂,往来甚少。虽然独立后马来西亚的印度人在母语教育方面实现了统一,但泰米尔文教育的质量和前景使许多印度人不得不放弃母语教育而选择国语马来语甚至华语教育。泰米尔文的高等教育更是无从谈起,迄今为止全马来西亚还没有一所泰米尔文高等教育学府。这对印度人社会的内部凝聚力不能不说造成一些不容忽视的影响。① 多方面的因素使得印度人社会的发展步伐长期落后于整个国家,印度族群在社会经济生活中的影响力并不大。尽管如此,印度人的习惯法在海峡殖民地时期法律体系中还是占有一席之地的。海峡殖民地时期,对印度裔的法律适用问题,马来亚的法庭通常求助于 Mayne、Jolly、Mulla、Gour、Gupta② 等人编纂的印度法官方文本。海峡殖民地的法官借鉴英属印度殖民地的判例,在考虑印度法与习惯的基础上,作出判决。印度裔习惯法的特殊性体现在以下几个方面:

1.一方或双方为印度人的婚姻家庭问题。印度人长期存在一夫多妻的习俗,只需要在第二次结婚前,取得第一个妻子的同意。对应的,妻子的所有财产,无论婚前还是婚后取得,都是妻子的个人财产,丈夫不得主张权利,除非作为妻子的受托人。印度人结婚应当按照习俗举行仪式,其中的关键步骤有圣火面前的祈祷、走七步,如果关键步骤没有完成,就无法构成有效的印度婚姻。随着印度男性迁移到马来亚以后,出现了再婚的问题,特别是印度人与其他族群的混合式婚姻,该如何认定。根据法院的判例,当印度婚礼仪式并不完整甚至没有举行婚礼仪式,可以事实上的夫妻名义共

---

① 罗圣荣:《马来西亚的印度人及其历史变迁》,中国社会科学出版社2015 年版,第 183 页。

② Mayne、Jolly、Mulla、Gour、Gupta 分别是古代印度出现过的王国的名称。

同生活为弥补；当再婚没有事先征得第一个妻子的同意，如果再婚前确实无法与第一个妻子联系，且再婚后，第一个妻子得知此事，没有表示反对的，法庭推断第一个妻子已经同意，再婚有效。法院在民事案件中采纳印度习俗，以不违背公共政策、公正、平等、道德为限。① 然而，如果被控涉及婚姻的刑事犯罪行为，法庭则要求严格的关于婚礼的证据，以确认有效婚姻是否存在。印度习俗对婚礼的要件，在刑事案件中必须完全具备，没有疑点；在民事案件中，则允许法官一定限度的自由裁量。在印度人社会中，子女的婚姻通常由父母安排。如果一方想要解除这种安排（即订婚），则订婚的有效性问题被摆上桌面，双方家庭的尴尬境地以及赠送财物如何返还也是不可回避的。印度人的订婚仪式被称为"Nichayartham 仪式"，那么举行过该仪式并互换礼物的人，如果反悔，是否要承担违约责任呢？

在 Rajeswary & Anor v. Balakrishnan & Ors〔1964〕3MC178案件的判决理由中，主审法官写道："Nichayartham 仪式只是双方具有缔结婚姻意愿的证据，表达了明确的意思，但是不会使双方的承诺受到更多的法律约束。"

因此，礼物是出自自愿给予的，是否偿还关乎道德而不是法律责任。在此案中，被告主张原告是未成年人，无法履行婚约，又违反公序良俗，因而婚约无效。主审法官的判决理由继续写道："在印度，替未成年子女安排婚姻很普遍，因此，不应当认为这样的行为违反公序良俗，这就是按照人们的习俗。"不仅如此，在马来亚即使按照普通法民事程序缔结婚姻，也无法排除印度法对印度人的适用，在宗教仪式没有完成前，婚姻带来的权利（如圆房等）仍然可

---

① 　法庭采纳的是 Gour 印度法典的规定："如果不同宗教信仰的人，对已经存在的婚姻事实是否具有法律效力存在争议，法庭适用公正、平等、道德原则进行推定。"

以被拒绝,印度人有权不将其视为有效婚姻。若印度人请求离婚,由法官依法自由裁量是否准许,并有权裁定女方或其亲属返还婚姻缔结时男方支付的财宝。至于离婚产生的未成年子女的抚养问题,马来亚法官不会考虑子女跟随哪方以后会信仰何种宗教,而是一切以孩子的利益为准,父母的抚养权也要受此限制。① 印度习俗允许的婚姻经纪合同,在海峡殖民地也被法律所接受,尽管这与普通法的精神并不相符。另外,与华人习惯法相同,对请求恢复婚姻权利的诉求,法院也没有管辖权。

2.印度人的联合家庭财产习俗。传统上,印度人生活在一个联合的大家庭,父母、哥哥的家庭、弟弟的家庭、没有出嫁的姐妹、其他亲戚共同生活在一起。联合家庭的大事由家族的领导人管理,联合家庭内的个体对外不具有独立性,由联合家庭统一代表。这种联合家庭在印度社会曾经非常普遍。联合家庭派生的习惯风俗,成为处理印度族裔法律纠纷的准绳。当印度人死亡时,对没有留下遗嘱的遗产,和其他可继承的财富一样,由死者的继承人加以继承。如果印度人死亡时,留有男性后代,无论是亲生的还是收养的,则由男性后代继承。被男性后代继承的财产,则成为联合家庭财产,在上述男性后代之间产生共有关系。这不是依据合同产生的普通合伙关系,而是由法律拟制的家庭合伙关系,上述男性后代在这种家庭合伙关系中的地位是平等的,从出生起享有,各男性后代即使是联合家庭财产的管理人也不能处分共同继承的财产,如果处分自己的份额,也不得损害其他联合家庭财产共有人的利益。② 印度人联合家庭财产继承人的范围、继承人的地位、对共同

---

① Sharifah Suhanah Syed Ahmad,*Malaysia Legal System*,LexisNexis,Malaysia,2007,pp.57-64.

② Sharifah Suhanah Syed Ahmad,*Malaysia Legal System*,LexisNexis,Malaysia,2007,pp.66-68.

继承财产的权利与义务等,体现了印度的文化特色与社会结构,这些习惯法随着印度人的迁入而进入马来亚。后来,随着社会、经济的发展,联合家庭从表面上看逐渐式微,但其互帮互助的实质没有改变,大家庭成员之间的关系仍旧非常紧密,对个体重要事宜的影响仍然巨大。

3.借贷凭据的认定。商业贸易领域是宣布适用英国法最多的法律领域。即使某种习惯性行为被接受,这些行为的要件仍然要符合普通法。在海峡殖民地和马来联邦时期涌现的,印度人社团内的切蒂亚商人的借贷行为就是如此。虽然允许这种借贷行为的存在,并且在印度社团自身认同的商业领域内运作,但是普通法的衡量标准仍起着作用。在司法中,切蒂亚人创立的借贷关系被比照银行与顾客的关系进行处理。存款的客户有权要求切蒂亚银行保证自己账户的安全与收支平衡,对应的,在借贷行为中,切蒂亚银行家普遍使用 tavanai 文书作为付款凭证交给放款人。不过,tavanai 文书曾在过去的判例中,按照英国的商业习惯,不被认可具有普通法上的承诺性,不是可转让的凭证。但是,在马六甲,切蒂亚银行家和放款人早已接受 tavanai 文书可转让这样的习惯。须过分拘泥于普通法法条吗?可否通过司法解释解决此问题?最后,来自英国枢密院对印度类似案件的裁决中止了这场争论,认为"对印度人的行为和缔结的合同应当作开明的推断,对表达的形式与文字不应当苛求"。尽管接受了上述结论,马来西亚(马来亚)的法官们还是提出了些异议:tavanai 文书自身存在瑕疵,何以发挥证明力;tavanai 文书的转让被限定在切蒂亚人内部,如果到了其他人手里,是否无法提起诉讼,这将打破商法的普适性,沦为地方性商法。法官们还对比了涉及华裔商事习惯的案例,华裔商事习惯被上升到公共政策的高度,利用普通法为基础,对殖民地和马来联邦的商事法律加以统一。① 这场借贷凭据之争中,马来亚法官的造法权得以生动体现,在印度人习惯与普通法条文原则的博弈中,马来亚的法律人试图找寻两者的平衡点,这个过程已经开始,并在后来一直进行着。

四、土著人的习惯法

土著人是最早生活在东马和西马的族群。其中一小部分住在马来半岛,大部分住在东马的沙巴与沙捞越。土著人不属于马来族,他们存在众多的族群及支派,有自己的语言、宗教、习俗、文化。沙巴的土著民族以卡达山人为主,沙捞越的土著人以伊班族为主,伊班族是达雅克人的分支。达雅克人及其支流族群是沙巴及沙捞越最重要的一个土著族群。达雅克人最大的特点就是大部分都是基督徒,他们虽然被认定是土著,也享有宪法对土著的特权,但是与马来人的待遇相差很远。②

在承认沙巴和沙捞越特殊地位的背景下,联邦宪法对土著人也作出了定义。对沙捞越,土著人指如下居民:要么属于宪法明确列举的沙捞越的土著民族,要么是这些土著民族之间的混血后代。对沙巴,土著人指如下居民:是沙巴土著民族成员的孩子或孙子(女),且要么出生在沙巴(不论出生日期),要么在其出生时其父定居在沙巴。③

---

① Sharifah Suhanah Syed Ahmad,*Malaysia Legal System*,LexisNexis,Malaysia,2007,pp.64-66.

② 马燕冰、张学刚、骆永昆:《马来西亚》,社会科学文献出版社 2011 年版,第 49 页。

③ Dato' KC Vohrah & Philip TN Koh & Peter SW Ling,*The Constitution of Malaysia*,Lexis Nexis,Malaysia ,2004,pp.692-693.

　　沙捞越和沙巴的土著人世代通过口头传承着大量的习惯,这些习惯最终具体化为一系列规定,从而管理、保持秩序和社会关系。在沙捞越与沙巴的习惯与传统之下,土著人创造出了非凡的社会:村落首领凭借古老惯例对人们的约束力来主持正义。鉴于土著人尚处于原始的条件下,他们所创制的习惯竟如此先进,甚至超过同时期普通法的水平。因此,普通法理应尊重土著人的习惯与传统。英国评论家也不吝对土著人习惯与传统的赞美之词:"很多欧洲人将异教徒(非世界主要宗教的教徒)轻蔑地视为原始人,然而调查显示他们的土著法律应当被尊重。这些调查者视野开阔,他们能够不被自身已经习惯的行为准则和道德标准所约束,也能够在当地实际情况的基础上,从公平以及一般会怎样的视角,吃惊地审视那些没有文字、没有知识、没有文化的原始人创立的精巧与公正的法律体系。"

　　土著人的人生哲学是创造社会的平衡。对损害施加报复只会让情况恶化,唯有补偿才能恢复社会的平衡以至和谐。土著人认为人由自然界的元素构成,而人本身也是自然界的一种元素。万物之间既有共同的利益,也有不同的乃至相互冲突的利益。土著人相信人与自然界的相互依存关系是生命与社会的基础,由此他们尊重他人、生物(无论大和小)、树木、河流等。土著人习惯法就是为了保证自然的和谐、提升所有生物(包括人)的幸福。来到北婆罗洲的英国人把土著习惯法,从口头传承习惯的现象转变为在设立的行政与司法框架内运行的一套明确的书面规则。土著习惯法的正式化,既通过书面形式保证了习惯法的传承,又让习惯法更加明确。土著习惯法被置于正式的、世俗的法律体系之中,具有分等级的法院结构、上诉制度、判例制度、证据规则、证明标准。不可否认,这场正式化既保存了伟大的遗产,又导致土著习惯传统发生了巨大变化。在布鲁克以及后续英国殖民者的管理下,大量非书面的传统被编纂,出现诸如 1952 年《伊班人罚则》、沙捞越 1955 年《土著法院条例》(后被 1992 年《土著法院条例》所取代)等,上述法律被土著法院系统运用于审理涉及土著习惯法的案例。①

达雅克人和伊班人构成了沙捞越土著民族的主体。在沙捞越第三、第四、第五区的达雅克人的习惯法被编订在一部名为 Tusun Tunggu 的习惯法法典中。然而,司法中认为这部法典并不是详尽无遗的,仍有一些习惯没有在这部法典中提及。在土著人的习惯问题中,很多是关于土地争议的,特别是习惯法上的土地及其权利的获得与丧失。习惯法上的土地权利因砍伐掉古老的丛林并耕作土地而获得,但这种权利仅限于最初的劳作者及其后代的使用,不能转让以获利。如果习惯法上的土地权利人离开所在地,这些土地将被收归公用,由长屋首领管控,他可以将这些土地分配给长屋中他认为最需要这些土地的人。当然,上述情形仅在该地区没有习惯法上的土地权利人的继承人的情形下发生,如果有继承人,继承人将接替该土地的使用权。如果权利人回到该地,他可以继续使用该土地。当没有继承人的权利人离开该土地时,他可以安排其他人在自己的土地上耕作,权利人将从被安排的人那儿取走"合法的包裹"(一种达成合意的象征)。"合法的包裹"不能是贵重物品,否则交易无效,但是像一头猪这样的农产品还是允许的。付出了"合法的包裹"的人所获得的权利可以继承,但是当原权利人或其继承人归来时,应将该权利还给原权利人或其继承人。在土著法院的判例中,对上述习惯法上的土地制度进一步解释:如果土地权利人不但搬出长屋,而且离开所在的 Penghulu 地区举家搬到沙捞越的其他区,视为其放弃习惯法上的土地权利;如果土地权利

---

① Sharifah Suhanah Syed Ahmad,*Malaysia Legal System*,LexisNexis,Malaysia,2007,pp.69-72.

人虽然搬出长屋,但仍然在原来的 Penghulu 地区,权利人仍完整享有土地权利,因为搬迁并没有让他对原土地无法耕作。1996 年《土地法修正案》对习惯法上的土地权利规定了取消情形。总理可以按照《土地法》发布命令取消习惯法上的土地权利,同时予以补偿或者另地安置(伴有或没有额外补偿)。当这些习惯法上的权利被取消,相应的土地收归政府。总理的取消命令不受质疑或挑战,如果存在不满诉求,只能将问题交仲裁依法处理。

在土著人的习惯中,乱伦被视为比其他性犯罪(包括通奸)更严重的罪行,必须严惩。土著上诉法院曾经撤销土著法院的乱伦罪认定,因为上诉法院不赞成习惯法上把嫌疑人浸入水中折磨以得出口供的做法,认为认罪必须出于自愿,犯罪的证据必须清晰。某些土著习俗虽然不符合普通法的公正观念,不过只要被收入法典,都要被遵守。土著习俗可以优先于伊斯兰法,甚至对那些穆斯林当事人。土著法院曾经裁判私生子的穆斯林父亲支付罚款并进行赔偿,该穆斯林父亲不服提起上诉,结果却被驳回。最高法院甚至支持:若一个怀孕的女人发誓,某个男人是她孩子的父亲,那么这就是不可置疑的、最终的结论。然而,司法委员会还是对上述习惯法提出了异议,认为习惯法直接与自然正义原则相冲突,没有其他佐证、仅凭孕妇的陈述就定案,可能会因孕妇的私心而导致不公。可见,对土著人的性犯罪问题虽然适用土著人习惯法,但已经受到法律人的挑战,土著人习惯法正或多或少地被改变,以适应现代法制的要求。

对信奉伊斯兰教的土著人①的继承问题,沙捞越或沙巴的法律(源自英国法和穆斯林习俗)产生的影响大于伊斯兰法教义。土

---

① 在北婆罗洲,马来人也是土著民族之一,因而也属于信奉伊斯兰教的土著人。

著穆斯林可以自由自愿地处分遗产,不必受到穆斯林继承法的制约;土著穆斯林收养的孩子与亲生的孩子法律地位相同,亲生孩子承担的责任、享有的权利,收养的孩子也全部应当履行、全部享有。即使死者的族群属于马来穆斯林,也不会适用穆斯林法,更不用说,其他族群的穆斯林了。非穆斯林的土著人的继承也必须遵循法律认可的习惯,否则无效。例如,法律尊重沙巴州的杜顺族在众人面前立下口头遗嘱的习惯,因为杜顺族人一度不具有用书面表达自己想法的能力。随着一个族群的发展,古老的习俗会慢慢自行改变,法律只要对现存的习惯表达敬意即可。当非土著人与土著人结婚,并且接受、践行土著习惯,上述非土著人的继承问题,适用土著习惯法。假使没有相反的证据,上述非土著人在与土著人结婚之前或之后的所有婚姻带来的继承问题,都得按照土著习惯法进行。①

---

① 　Sharifah Suhanah Syed Ahmad,*Malaysia Legal System*,LexisNexis,Malaysia,2007,pp.72-84.

第二章

多元社会文化转型中的马来西亚法律

马来西亚独立的时间并不长,经济社会却经历了数次转型。要正确理解马来西亚的法律,必须放到多元社会文化的快速转型之中。

第一节　独立初期包容多元社会文化的
　　　　马来西亚法律 ✲ ✲ ✲

1957 年 8 月 31 日,马来亚联合邦在英联邦内独立,成为一个主权国家。马来亚自此从一个封建的、传统的国家开始迈向资本主义的、民族的新兴国家。独立初期国家建构的目标是建立一个多元包容的独立民主国家。这也是这一时期,法律最主要的作用。在独立初期,多元族群社会之间的关系是良好的。马华公会、印度人国大党、巫统作为各自族群社会的代表,基本达成了马来亚的社会契约,族群争议暂时被搁到一边,公众对新生的国家满含希望。此时马来亚社会的法律状况一方面是普通马来亚人的法律文化相对落后,法律体系存在大量空白与漏洞,法律人与法律职业的专业素质亟须提升;另一方面在历经一百多年的英国统治后,在西方的法律制度、法律思想、法律器物已经初步在马来亚扎根。马来亚法律如何包容多元社会文化,从而发挥法律的作用呢?

1957 年,联盟党和英国殖民当局通过谈判制定的《独立宪法》,奠定了马来西亚法制基础。该宪法规定了马来西亚的君主立宪制、联邦制的国家结构形式、行政立法司法机关三权分立、行政机关拥有的紧急状态权力、选举的进行机制,以及有关一系列问题的国民政策,诸如语言、公民权利与义务、对土著马来西亚人的特殊援助,及所有公民的基本自由。

《独立宪法》尊重马来群岛本地的情况,奠定了多族群社会和谐共处的法律基础。在马来亚这片从古代起就属于马来人的土地上,《独立宪法》承认:马来苏丹;伊斯兰教作为国教;授予马来人和沙巴、沙捞越的土著人以"特殊地位";马来人保留地;马来语作为官方语言;给予马来人和沙巴、沙捞越的土著人的习惯法以"特殊保护";划分选区时重视农村地区(因为这些地区主要是马来人);给马来人保留州行政机关的一些领导职位;从法律上限制在穆斯林中宣扬其他宗教以及穆斯林的叛教。

与此同时,新生国家的马来穆斯林特征被其他一些适应于多族群、多宗教的宪法条款所平衡,它们保护着其他族群的利益[①]:

在非族群性和非宗教性的基础上授予公民权。在 1957 年宪法中,"出生地主义"给大量的非马来人敞开了公民权的大门。不过,在 1963 年又将"出生地主义"从宪法中移除。

选举程序中所有的组织一律平等。它们在联邦和州两级都有投票权,有权自由选择投票机构进行投票。在开展选举的过程中,族群和宗教不会加以区别。

---

① Dato'KC Vohrah & Philip TN Koh & Peter SW Ling, *The Constitution of Malaysia*, LexisNexis, Malaysia, 2004, pp.5-18.

保护公民的基本权利。不得被奴役和强迫劳动；反对"追诉的刑法"和重复的审判；保护平等权、行动自由权，反对流放；言论自由、集会结社自由、宗教信仰自由；保护全体公民的受教育权和财产权。

在联邦层面，所有公民均有机会担任司法机关、内阁、议会、其他公共服务机构的公职。

所有公民都可以免费接受小学、初中的教育。大学教育实行严格的份额制。不过教育机会仍然对非马来人开放，譬如私立学校、私立学院、私立大学。如果想去国外留学也是可以的。在份额的允许下，政府的奖学金也可以给予非马来人。

即便处于国家紧急状态下，公民权、宗教、语言仍然受法律保护，不得轻易剥夺。

关于沙巴、沙捞越的族群、宗教、地区问题，相对其他州，法律的放权和收权事宜须要特殊对待。

即便在马来人和沙巴、沙捞越的土著人享有法律特权的领域，对其他族群的利益也有相应的保护。例如伊斯兰教虽然是马来西亚的国教，但马来西亚并不是一个伊斯兰教国家。伊斯兰法不适用于非穆斯林。各州经常在资金或土地上支持其他宗教。所有宗教组织可以和平、有序地信奉、实践自己的宗教信仰。传教士和牧师也可以进入这个国家。每个宗教团体有权建立和维持用于教育的宗教机构。

虽然马来语作为国语用于一切官方用途，但是也保护其他语言的正常教学活动（只要有 15 人以上有此需要）。法律保护方言学校的存续并允许在非官方场合使用其他语言。

虽然马来人享有保留地，但这种保留权不会延伸到非保留地。如果一片土地为马来人保留，那么就有同等数量的土地提供给非马来人。将州土地的临时占用许可证转让或授予非马来人并不稀奇。

马来人的特殊地位也会受到制约。第一，马来苏丹有保护马来人群体的义务，也有保护其他群体合法利益的责任。第二，马来人的特殊地位只适用于公共部门和四个指定的部门或公共服务体系。第三，马来人的特殊地位不会导致非马来人或其子孙被剥夺已经拥有的。第四，任何商业、职业不能由特定族群所独占，禁止族群垄断。第五，在就业时允许保留马来人的份额，不过一旦人们进入公共服务领域，就应当不分族群地平等对待。

独立初期包容多元社会文化的马来西亚法律，有助于塑造一种国家的精神：容纳多元族群，温和的态度，摒弃多元社会是一种痛苦的想法，对未来充满激情、热心。在文化方面，这个国家是一个充分的文化组合体。世俗与宗教共生共存。清真寺、庙宇、教堂分散于这片国土之上。尽管有穆斯林的禁忌，仍然没有禁止非穆斯林饮酒、赌博、养猪，以自己或西方流行的方式穿着。那么，对上文提到的多元习惯法，新的国家又将怎样对待呢？理想的模式是什么呢？

我国著名法学家苏力认为：“如果不是将法制视为一种法典的集合，不是把法制视为某些机构的设置，那么所谓法制只是一种规范性的社会秩序，这种社会秩序从根本上看是形成的，是人们在社会生活磨合并体现出来的，而不是按照理论构成的。法制或秩序的真正力量并不在于法学家是否雄辩，是否有理论，而在于它自身的存在、有效的运作和人们的接受。”①马来西亚独立后，华人习惯法、印度人习惯法在结婚、离婚、继承方面的规范继续获得司法上的认可。民事法院依照普通法的“遵循先例”原则，以司法判例的

---

① 苏力：《法治及其本土资源》，中国政法大学出版社1996年版，第303页。

形式加以继承。接下来的例子可以说明一些问题：

　　Tan Kui Lim & Anor v. Lai Sin Fah[1980]1 MLJ 222 一案中，在上诉时，联邦法院反复斟酌了此案中 Hakka 华人社区的收养习惯，根据该社区的收养习惯，外孙是不可以被外祖父母收养为儿子的，并在判决书中认为：在沙捞越的华人收养孩子所适用的法律"只有与华人习惯法一致时才有效"。

　　儒教中的伦理纲常和尊长辈分在华人社区深入人心，这样的判决更易被人们接受，宗教伦理道德成为司法的渊源，有力维护着社会稳定。在 Pooto v. Valee Uta Taven[1883]1 Ky622 一案中，印度教徒的习惯法中有关妻子"独立财产所有权"的习惯得以承认。① 印度的种姓制度带来印度教习惯法的千差万别，法院适用法律时不得不区别待之，普通法的判例形式避免了统一的法典对印度教徒的宗教忽略。宗教促进法律的适用方式多样化改革，法律对个案的成功处理，逐步完善着马来西亚的法律。

　　独立初期的法律并没有强制消除这个国家业已存在的族群、文化、习俗，还认可了多元社会文化的存在。不过，矛盾仍然存在。自古以来，外来族群不断进入马来亚，后来的殖民地政府更是引入大批中国或印度的劳工。马来亚独立后，公民权的确认是外来族群在马来西亚本土化必须跨越的障碍。再看马来西亚的三大族群，马来人使用马来语，华人说汉语，绝大部分印度人使用泰米尔语，其他的印度人说自己的族群语言。不过，马来西亚的大多数州属于多族群混居型，国家的确需要一种各族人民皆懂的普通话来促进国民沟通，如中国的汉语或印尼的印尼语便是。统一的国家通过一种通用的语言，使不同地区、族群的人们能够交流，增强国

---

　　① ［澳］吴明安：《马来西亚司法制度》，张卫译，法律出版社 2011 年版，第227 页。

家的凝聚力。在这种情况下,马来西亚选择了马来语作为国语,并作为取得公民权的条件之一,这就引发了马来西亚独立初期无法回避的重要法律问题——公民权的得与失。

根据马来西亚的法律,出生于马来亚或马来西亚不会必然取得公民权。现行宪法第三章的公民资格详细规定了公民资格的取得、终止及补充条款。联邦公民身份可根据法律的实施、登记、入籍或新地区归并于联邦而取得;可因放弃或被联邦政府剥夺而丧失。该宪法关于公民身份的条款曾经修正,使公民身份越来越难以取得而易于丧失。① 具体如下:

以下任一类人可以通过法律的实施获得公民权:于独立日以后 1962 年 10 月之前出生在联邦内;1962 年 9 月以后、马来西亚联邦日之前出生在联邦内,其父母至少有一方在其出生时为公民或永久居民,或其不会因出生而成为其他国家的公民;马来西亚联邦日以后出生于联邦内,其父母至少有一方在其出生时为公民或联邦的永久居民,且其不会因为出生而获得其他国家的公民权。符合下列条件的年满 18 周岁、并在独立日之前在联邦出生的人,可以向联邦政府申请通过登记获得公民权:在提出申请前 7 年中,在联邦居住不少于 5 年;有意永久居住在联邦;品行良好并懂马来语。以下任一类公民的妻子或子女可以向联邦政府申请通过登记获得公民权:丈夫在 1962 年 10 月前已是公民,且婚姻处于存续中;该女子在申请日之前已在联邦居住满 2 年并打算永久居住,品行良好;子女未满 21 周岁,其父母至少一方是或曾是(已经去世)公民;子女出生早于 1962 年 10 月,未满 21 周岁,其父亲是(或者去世时)是公民,在 1962 年 10 月 1 日时仍然是公民

---

① 米良:《东盟国家宪政制度研究》,云南大学出版社 2011 年版,第 214 页。

（如果活着的话），且联邦政府认为其通常居住于联邦内、品行良好。符合下列条件的年满 21 周岁的外国人可以向联邦政府申请，颁发入籍许可证获得公民权：在申请前的 12 年中，其已经在联邦居住合计不少于 10 年；有意永久居住在联邦；品行良好并懂马来语。①

在上面的规定中，独立日（1957 年 8 月 31 日）、1962 年 10 月、马来西亚联邦日（1963 年 9 月 16 日）是三个分界点，出生日期越晚，取得公民权的条件越严格。马来西亚联邦日之后出生的人还得掌握马来语才能成为马来西亚的公民，且马来西亚不接受双重国籍。当初，许多在马来亚生活的外来族群，基本上受教育不多，要在马来语上过关，几乎是不可能完成的任务。这种情况在印度人中尤其严重。大量印度人本应获得公民权，因为主客观的种种原因，公民权缺失导致马来西亚国家赋予公民的基本权利不能落实。此举本意推广国语，却产生不良后果，这不能不说是二战后民族民主国家独立进程中的缺憾。不过，笔者认为应该换个角度看待这种缺憾。15 万乍看很多，其实只占马来西亚总人口的 0.75％。只有捍卫国家语言的权威与统一，才能推动马来西亚族群间的团结与合作，少数人的问题才能慢慢解决。这也告诉我们，民主只能是相对的。如果每个人的愿望都能满足，后果往往比"少数服从多数"更糟糕。

---

① Dato'KC Vohrah&Philip TN Koh&Peter SW Ling, *The Constitution of Malaysia*, Lexis Nexis, 2004, pp.131-150.

第二节 "新经济政策"时期法律的
实践与合法性 ❀ ❀ ❀

马来人通常容易满足现状,缺乏对未来的清晰认识和长远打算。这使得他们很难在商业领域取得成功,易满足于眼前小利让他们很难真正有兴趣投入到大型的商业活动。经过独立后十多年的发展,马来人的缺点让他们在经济领域明显落后于华人。华人的经济优势也促使了自身政治地位的不断提高。这引起马来人的恐慌和不满,他们认为自己才是这片土地的主人,而华人等族群只是外来者。马来西亚社会各族群间持续酝酿着敌视,最终,在1969年由于选举的诱因,爆发了族群冲突的"五一三"事件。作为该事件反思的结果,在之后长达二十年左右的时间里,最大限度地开发促进族群团结的因素,抑制分裂族群的诱因,成为这一时期马来西亚法律的首要作用。

一、马来人优先

"五一三"族群冲突事件令马来西亚付出了巨大的人员伤亡和财产损失的代价。此次事件的导火索是在大选中马来人政党的失利和华人政党力量的增强,族群分歧和文化差异本就是马来人社会与华人社会的鸿沟,族群性政党的竞选行为促使两个族群的政治竞争、经济竞争白热化。为避免悲剧重演,拉扎克决定恢复民选议会,结束全国行动理事会非常时期的统治,并重开国会,通过了宪法修正案。该修正案规定,禁止在议会内外公开讨论可能引起族群冲突,或对政府的意图不信任的问题,否则作为非法煽动罪;

禁止质询 1957 年宪法中有关国语、马来族特殊地位、马来统治者地位和主权及公民权等条文,取消议员在议会内的言论不受司法管辖的权力,赋予最高元首权力,以直接谕令大专院校给马来人和土著一定比例的名额。① 有关法令不仅使马来人的特权得到确认和扩大,人们慑于法令避免谈及民主政治的各种话题。在非正式控制效果不佳、医学控制实施条件较差的情况下,法律控制的力度被强化,国家强行在各族群间分配利益,并通过法律的强制力保障实施,从而定分止争,法律的威力又一次拯救了多族群国家。

同时,自 20 世纪 70 年代起,马来西亚政府开始推行扶持马来人的"新经济政策"。目标是不分族群地消除贫困,重组社会结构,打破族群与经济地位的联系,在工商业、文化、教育等领域实施照顾"土地之子"的份额制。政府在经济领域的干预不断扩大,许多机构随之建立起来,为马来人寻求商业机会,并对政策和法规进行设计和监督以实现"新经济政策"所提出的目标。1971 年,全国文化会议提出了一个官方的意识形态,三个基本结论是:

> 国家的文化应建立在原住民(指马来人)的基础上;伊斯兰教是这种文化的一个重要因素;其他适宜的与合适的文化要素也可以被接受。这为国民文化的特性留出了很大的开放空间,但它多次被用来强化一种实质上是马来民族认同感的合法性。②

1970 年对《煽动法》的修正案和 1971 年对宪法的修正案使对"马来人优先"的质疑行为成为非法行为。任何涉及"马来人优先"的法律条款的修正案都必须提交统治者会议,而不只是最高元首,

---

① [澳]约翰·芬斯顿:《东南亚政府与政治》,北京大学出版社 2007 年版,第 124～126 页。

② [澳]约翰·芬斯顿:《东南亚政府与政治》,北京大学出版社 2007 年版,第 173 页。

从而限制对其修改的可能性。

不过,在 20 世纪 80 年代马哈蒂尔担任总理后,政策有了些许变化,在一直受国家控制的领域开始推行"私有化",并逐步加快"私有化"进程、放松管制并实行自由化、减少对马来人的直接扶持等。马来西亚集团公司是"私有化"的主导力量,它将政治领导、官僚机构、私人部门紧密地结合成一个整体,从而让巫统在商业领域的直接参与进一步加深。

二、行政权的扩大与社会法的强化

政府权力的强大从行政立法权上可以看得出来。总理对行政立法有决定权,有权发布政令进行统治。紧急统治期间颁布的任何政令都免于司法审查,然而自 1969 年 5 月以来,马来西亚一直处于紧急状态中,这样行政便可以发布政令的方式立法。紧急状态宣告期间,任何紧急状态法均有效,即使它们与宪法的规定不一致。新经济政策时期,立法促使更多的情形下,行政机关能将其意愿强加于公众,包括 1969 年的《紧急状态(公共秩序和防范犯罪)法令》、1972 年的《官方保密法》、1970 年被扩大情形的《煽动法》、1971 年通过并在 1975 年修订的《大学与学院法》、1969 年和 1980 年修订的《工会法令》等。

在 20 世纪 70 年代,一些新的组织建立起来,原有组织的活动也扩大了,它们在反腐败、保护穷人、关心环境、民主范围扩大等问题上积极地开展运动。这引起了政府的强烈反应,包括 1974 年末依据《国内安全法》逮捕安瓦尔的行为。政府加大了对非政府组织的控制。政府认为非政府组织的活动常常会加剧族群紧张关系。因而,新经济政策时期限制市民社会的法律有所增多,媒体自由开始受到严格限制。这种趋势在 80 年代得以继承,导致在 1981 年

修订《社团法》和 1987 年修订《印刷与出版法》。

马哈蒂尔时期，马来西亚的威权主义又向前迈进了一步。1983 年政府试图更明确地限定最高元首的权力。议会通过了一项立法，废除了关于一项法案要成为法律必须由最高元首签署的这一规定，并将总理的权力扩大至拥有充分权力宣布国家进入紧急状态（而非最高元首依据总理的建议行事）。行政权的不断扩大还曾一度威胁苏丹的特权，引起苏丹的对抗，最终以重划二者的权限告终。

马哈蒂尔称，他曾一直致力于开放自由，但到了 1987 年（当他在巫统中受到挑战并面临再度出现的社会动荡）之后便不得不采用强硬手段。他继续修改宪法，并增加了一些法律以强化行政机构的权力并减少个人权利。同年，依据《国内安全法》（允许不经审判即可监禁），有 119 人被逮捕。次年，法庭宣判巫统为非法组织，并重新组建了新巫统。与此有关，3 月的宪法修正案目的在于削弱法院的权力。政府令国家首席法官和两名最高法院法官停职。行政与司法的斗争，以政府的全面获胜收场。

相应的，在 1988 年以前，联邦的司法权力曾明确地授予司法机关，就如同立法权授予立法机关，行政权授予行政机关一样。不过在 1988 年司法行为招致行政的愤怒后，同年的宪法修正案删除了原先将司法权授予法院的字眼，仅仅赋予法院"管辖权和联邦法律授予的其他权力"。这样司法机关难免服从于议会，司法权还处于法院手中吗？[①] "司法权"不在法院，而是受议会的支配，这实际上是违背了对诸如天然正义这类习惯法的依从。

---

① Wan Arfah Hamzah, *A First Look At The Malaysia Legal System*, Oxford Fajar , Malaysia, 2009, p.6.

三、合法性的论证

在一定意义上,法律的合法性可以理解为法律的正当性,只有具备正当性的法律才会受到人们的遵从。法律的合法性问题可以从法哲学和法社会学两个角度进行分析。法哲学视野下的法律合法性,在传统社会中依赖于法律规范之外的自然法、神和上帝;在现代社会中,更多的是从理性、正义、民主、平等、权利等方面论证法律的合法性。法社会学视野下的法律合法性,韦伯认为主要取决于立法程序的合法;泰勒认为只有得到人们的认可与认同,人们才会真正地服从法律、自觉地遵从法律。[1]

笔者认为西方对法律合法性的论证方式,应当有选择地运用于东方社会,特别是多元社会文化的民族独立国家。对马来西亚新经济政策时期法律合法性的论证,笔者更倾向于实用主义,即通过观察法律对利益保护的实效进行评价。

实行新经济政策的二十年,与其他亚洲国家相比,马来西亚属于经济发展较快的国家。到 1990 年,贫困率已从 70 年代的 49.3％下降到 17％,土著股权比率从 1970 年的 2.4％上升到 20.3％,基本实现了消除贫困、重组社会的预期目标。虽然保证了马来人的优势地位,但尚未对华人经济造成严重打击,因此民族矛盾造成的社会动荡对经济发展的影响较小。[2] 当法律面对的利益存有冲突和重叠,法律的任务就在于决定其中哪些利益应被承认与保护和应在什么范围内加以承认和保护,以及在最小摩擦和浪

---

① 郭星华:《法社会学教程》,中国人民大学出版社 2014 年版,第 141～147 页。

② 马燕冰、张学刚、骆永昆:《马来西亚》,社会科学文献出版社 2011 年版,第 243、249 页。

费的条件下给予满足。马来西亚的经济发展事实证明了文化合作与重组道路的正确,此阶段的法律实践总体上合法。

第三节　"国家发展政策"阶段法律的新动态 ✳ ✳ ✳

1990 年,随着"新经济政策"的结束,一项较少族群色彩的"国家发展政策"取而代之,该政策由于一份称作"2020 年宏愿"的规划而进一步得到强化。

一、"行政凌驾于法律之上"问题的激化及法律和行政关系的调整

得益于经济的繁荣,90 年代初的巫统在选举中大胜,加上年轻有为的安瓦尔出任巫统副主席,巫统显得越发强大起来。1997年,亚洲金融危机出人意料地爆发,马来西亚的平静与乐观再次遭到了动摇。这场危机促使人们对发展战略进行批评性的评估。起初马哈蒂尔接受了这些评估,但印尼总统苏哈托的倒台使他开始将改革运动视作一种威胁。也正是从那时起,他与安瓦尔的矛盾日益加深,随后,安瓦尔被免除行政及党内职务。自 1998 年 9 月起,马来西亚的政治便处于对抗和动乱之中。安瓦尔戏剧性地被捕和警察局长对他的殴打,以及法庭对安瓦尔腐败和鸡奸罪案件所作的有争议的判决,使法制的中立性受到质疑。在该案中,检察总长的独立程度问题也暴露出来。2000 年 4 月,四个知名国际法律组织发布一份报告,题为"危机中的公正:马来西亚 2000"。该报告详细考察了马来西亚法律体系,指出"有足够的理由来关注在马来西亚牵涉到政府利益(无论什么原因)的案件中是否实行了恰

当的执法"。①

安瓦尔事件之后,行政与法律的关系逐渐趋于缓和。虽然行政仍占有优势地位,但基本上还是通过法律的形式来满足行政的目的。于是,马来西亚出现了许多特别法,它们允许"为了公共的利益和国家的安全",比如《国家安全罪行(特别措施)法》《打击外国恐怖主义特别措施法》《预防恐怖主义法》《国家安全理事会法令》等。按照这些法律,行政部门可以不按照法律的一般规定,而采取"紧急措施"。我们不去考虑这些法律的合法性如何,至少行政行为被披上了法律的外衣。于是乎,近年来马来西亚的行政逾越于法律之上的事件就很少出现了。

二、阶层化的社会分类促使民间法的衰落　　　与国家法的兴起

现阶段,可以观察到,整个马来西亚社会正在发生着深刻的变化。此前收入分配的增加和族群差异的缩小到了 20 世纪 90 年代又开始出现倒退现象。基尼系数从 1990 年的 0.44 增长为 1995 年的 0.46。族群内部的收入差距迅速扩大,特别是在马来人之间。华人与马来人之间的差距也同样有所扩大。由于城市化和快速的经济增长所导致的利益共享淡化了族群主义,特别是在一批新兴的中产阶级之间。

传统上的普通马来人生活并工作在城郊农业区和种植园,而新经济政策拓宽了马来人的职业领域和生活区域。在较传统的马来社会层中,家族和当地社群的联系还相当强,但在日益增长的社

---

① ［澳］约翰·芬斯顿:《东南亚政府与政治》,北京大学出版社 2007 年版,第 169 页。

会分层制度面前,以上联系正在削弱当中,新分层将以社会阶层为基础。传统信仰和实践在马来人当中还很强,作为穆斯林,马来人在奉行仪式方面强于掌握伊斯兰教义和奉行伊斯兰法理。

少数华人或印度人由于经济成绩杰出,被马来人统治者授予马来贵族的封号从而为马来社会所接纳;各地的精英俱乐部纷纷成立,其会员除了马来人也不乏成功的非马来族裔,马来西亚的上流阶层的族群性变得不那么明显。社会阶层开始以经济地位和社会成就来区分,而不是仅凭族群。

传统的族群同质化逐渐消失。人们渐渐都市化,开始从事各类现代职业,女性教育程度日益提高。族群内部日益分化(在宗教诠释、意识形态、社会经济阶级各方面的异质化等),族群间的联系和接触较前更为广泛,文化价值也日趋物质化、功利化、理性化等(当然,也会因此激发起对抗文化与宗教基要主义)。可以说,马来西亚是处于和平演变中的社会。尽管在这和平演变过程中会出现这样那样的对抗,但由于形势比人强,长期来看,可能趋向塑成务实、中道、宽容、实绩取向、效率、物质主义、功利、专业主义与重视平等而非等级的价值观,其结果自有助于多元文化主义的发展。[①]

在这样的社会背景下,传统的民间法进一步衰落,而国家法日益强大。[②]仅存的民间法也逐步采取国家法的形式,由国家所认可或实施,从而成为习惯法。1992年《依班土著人法令》和《土著人法院条例》生效、1994年《Bidayuh土著人法》生效,沙巴和沙捞越

---

①　[马]孙和声:《华人文化述评——兼论东西文化、宗教与人生》,马来西亚永联印务2007年版,第142～143页。

②　国家法是国家制定法的简称。民间法的概念有一定模糊性。比较有代表性的界定主要有梁治平的"知识传统说"、朱苏力的"本土资源说"、郑永流与田成有的"行为规则说",这些理论均从不同角度揭示了民间法的内涵。详细内容参见郭星华:《法社会学教程》,中国人民大学出版社2014年版。

的土著人法院系统也在这一时期设立。近几十年,社会流动性增强,人们纷纷离开故土去城市寻找新的发展机会,留在乡村的人们也更多地受到外来因素的影响,加上网络化和全球化对人们的观念形成猛烈冲击。家法族规和乡规民约对人们的约束力正在下降,特别在年轻一代身上体现得尤为明显。形成对比的是,国家法的数量有了很大的增加。1990 年至 1996 年期间的每一年分别颁布 49 部、47 部、43 部、40 部、46 部、42 部、54 部。而后至今,国家法每年仍不断增加。[①]

三、市民社会的复苏及其对法制的影响

20 世纪 90 年代末马来西亚遭遇严重金融危机,外界对马来西亚多元社会文化治理进行重新审视。分析家们普遍同意应当防范行政权过度扩张可能带来的裙带政治和腐败,推动市民社会的发展。在经济和政治自由化倾向席卷全球的大背景下,马来西亚的市民社会获得了复苏。

市民社会是国家与个人之间的媒介。作为第三方,既不是王权,也不是商业。它由各种各样的组织构成。从广义的角度来说,市民社会包括政党组织在公共领域的作为,也包括商业公司在私人领域的作用。这些组织既有以构建和实施公共政策为目的的,也有根本不涉及公共领域的。上面的区别也形成了市民社会的两种类型。

不同阶层、信仰、文化、族群背景的人们,组织起来,争取更大的正义、权利、资格,维护民主与人权,促进一种不同的精神和发展

---

① http://www.parlimen.gov.my/bills－dewan－rakyat.html? uweb＝dr&arkib＝yes.

路径,回应关乎人类福祉的重要问题。美国政治与社会学家罗伯特·帕特南(Robert D Putnam)认为:

> 市民组织网络培育了普遍的互惠意识并鼓励社会契约的出现。这种网络便利了合作与交流、放大了声誉、有助于对困境的集体解决。当经济或政治的协商被覆盖在社会中相互作用的浓密网络中,机会主义的空间就会减少。在该网络下,过去成功的合作会成为榜样文化并指引未来。人们对集体行动的参与感将会加强,"我"逐渐进化为"我们"。①

在马来西亚,市民社会逐渐发展壮大的趋势是无法逆转的。马来西亚的非政府组织有人权保障团体、消费者协会、环保组织、妇女团体等。它们或多或少地深化了马来西亚的民主与法制,在社会中发起对主流政治关注之外的问题的关切,促使国家对公民更加负责。

无论市民社会是否愿意,马来西亚国家仍然对市民社会有高度的控制权。马来西亚人参与市民社会的权利和对基本公民自由的保护虽然被写入了宪法第三章,标题为"基本自由"。但事实上,所有这些自由都由政府来限定,因为政府有权从国家安全或公共秩序考虑,决定是否允许这些自由。尽管曾有建立人权委员会一类机构的动机,政府仍对非政府组织持有根本上的戒心,并遵循自上而下的计划进行。

即便如此,马来西亚的市民社会还是对法制化进程起到了巨大的监督与推动作用。每当颁布或修订的法律,或者法院作出的判决,或者执法人员的执法行为等,存在法律瑕疵或值得肯定,市民社会总会发出或反对或支持的声音,甚至采取行动。比如2015

---

①   Maznah Mohamad, Wong Soak Koon, *Risking Malaysia:Culture, Politics and Identity*, Penerbit University Kebangsaan Malaysia, Selangor , Malaysia,2001,p.95.

年马来西亚律师公会声称将控告任何干预调查主权投资基金—马发展公司把巨额资金存入总理纳吉布私人账户的公职人员,包括纳吉布在内。无论律师公会最后是否起诉,这种表态肯定会对调查事实真相,依法办案,有极大的促进。民众的知情权与监督权通过律师公会得以行使。整个社会的法制与民主程度必将随之提高。

同时,由于市民组织的成员来自社会各个领域,对社会问题有更直接、深刻的认识,它们用号召力与影响力推动国家关注更广泛的社会问题。我们可以发现:这一时期的立法,意在解决的纠纷类型更复杂、多样,并且对社会动态的反应更为迅速;司法在这个时期,变得更加谨慎。

四、法律职业专业化改革的措施
——以陪审团制度的废除为例

经过独立后几十年的发展,马来西亚的法律从业者逐步实现法律职业一体化。无论法律从业者打算成为法官、检察官、私人开业律师,还是企业法律部门的法律专家,都要经过相同的法律培训。法律职业一体化提高了法律职业的专业化。在"国家发展政策"阶段,法律职业专业化改革稳步推进。下文将以陪审团制度的废除为例,研究此措施背后的法律困境及社会文化诱因。

马来西亚有严密的程序法,法官和陪审团的正义直觉会让他们正确地定罪量刑,法官代表了法律职业人的观点,陪审团则是社会法律观念的集中体现,两者结合,就具有了最大的公信力。但是,马来西亚在1995年《刑事诉讼法》修改时,废止了陪审团制度,只由法官决定被告人是否构成犯罪。这种修改是进步还是退步?让我们看看民众的反应,此次修改并没有引起争议,说明社会大致

是认同的,可以认为这是在长期试行陪审团制度后的理性选择。第一,陪审团制度存在审判效率低下、陪审员缺乏法律专业知识、主观性太强等问题。第二,马来西亚各地陪审团制度的适用程度不同,在马来半岛各州,法官与陪审团一起审理死刑案件,而在马六甲和槟榔屿州,则一起审理各种刑事案件,在沙巴州和沙捞越州没有陪审团,法官与两个以上的法官顾问一起审理死刑案件。因此,对类似案件的处理结果,有的受到陪审团观点左右,有的则没有。虽然在法制构建上允许有差别的统一,但这种差别被证明是不利于公正的,在一审或者上诉阶段都可能出现。第三,从文化方面看,陪审团制度是对司法权的再分权,体现的是西方的分权思想,这与马来西亚人的"集体利益大于个人利益""元首至上"的传统观念相反,无法获得人们的自觉支持。随着法官专业素质的提高,马来西亚国家和大部分民众认为法官可以通过法律专业知识与技术手段准确判断出意图,也赋予比如大量未遂罪名的存在、区分谋杀罪与杀人罪、诸多罪名的法定抗辩事由等。第四,陪审团制度在其发源地英国也受到质疑并走向衰落。

第四节　法律与多元社会文化的关系 ✳ ✳ ✳

马来亚(1963年以后称马来西亚)的独立真正开启了多元社会文化混合与融合的进程。

从古代的"寄客式"隔离到近代殖民者的"分而治之",马来亚长期存在着多个以族群区分的亚文化圈。随着独立民族国家的建立与发展,马来西亚的法律与多元社会文化的关系愈发密切。本书将独立后马来西亚的法律与多元社会文化的关系分为三个阶段,对应为前述的三节,特点可以分别概括为:打破城池、冲突解决、协同共赢。

法社会学家布莱克认为:"法律与文化距离之间的关系是曲线型的。文化距离也预示并解释了法律的样式——不论是刑事性的、赔偿性的、治疗性的还是和解性的。"当文化距离十分遥远时,法律很少;当文化距离拉近,矛盾冲突会增加,对应的法律也会增加;当文化逐渐趋同,法律反而会减少。① 该理论对研究马来西亚多元社会文化与法律的关系很有意义。独立前,马来西亚的不同族群社会各自拥有自己的文化,虽然生活在同一片土地,文化的距离却很远,不同文化盛开自己的花朵,用道德习俗等非正式控制手段治理着各自族群,正式的法律并不多,少数的法律差不多也是殖民者创作的成果。独立初期,构建民族独立国家与现代化法制成为当务之急。随着取得公民权条件的推广和大规模的法制建设,不同族群社会的文化开始打破城池、正面交锋,族群社会之间的矛盾累积并最终爆发。"新经济政策"时期的法律激增,马来人主导的政府对与其文化异质的族群发起猛烈的法律控制,不仅增加法律的量,也加重法律的样式。

先前同族群内的沟通式解决逐步让位于马来人对非马来人的压制性纠纷解决方式。诸如未经审判可以被拘禁在马来西亚出现并被越来越多的运用。在族群法持续高压二十年后,社会经济发展水平普遍大幅度地提高,并受到全球化、网络化、市场化、城市化的冲击,马来西亚多元族群社会逐渐混合与融合,普通民众对差异文化的包容和理解逐渐增加,文化的距离越来越近。于是,"国家发展政策"横空出世,它不再过多地纠缠于族群问题,族群差异性立法和司法都呈下降趋势,不过,法律的总数量不减反增,因为这

---

① 〔美〕唐纳德·J.布莱克:《法律的运作行为》,唐越、苏力译,中国政法大学出版社2002年版,第88～94页。

一时期的社会法和国际法激增。据此,笔者认为布莱克的观点"当文化逐渐趋同,法律反而会减少"在马来西亚并不成立,马来西亚的多元文化在近几十年逐渐趋同,法律的总数量增加,法律的四种样式都得到进一步的发展。20世纪90年代至今,马来西亚越来越看重自己的独立国家地位,以及在世界舞台上的表现。其法律也表现出更多的自省,法律的实用性和本土性被优先予以考虑。

第三章

马来西亚法律领域
对多元社会文化的回应

　　多元社会文化带来了法制的活力与矛盾,丰富的法律渊源推动了法律的自我完善。然而,法律也并不总是被动的,法律本身的统一性、稳定性又自觉或不自觉地整合着多元社会文化。

　　当今的马来西亚法律初步具备回应型法的特征①。回应型法依靠各种方法使完整性和开放性在发生冲突时相互支撑,把社会压力理解为认识的来源和自我矫正的机会。作为法律机构就需要目的的指导,旨在建立一种更有目的、更开放的法律秩序。法律不再拘泥于形式主义,通过理论和实践的结合,进一步探究法律、政策中所含有的实质性的社会公共准则。而马来西亚最重要的社会公共准则就是多元社会文化的和谐与发展。一方面,马来西亚法制需要建构多元社会文化的稳定秩序,充当所有公民的权利保护者、实现宪法的潜在承诺;另一方面,社会生活的复杂多变、文化领域的抽象难控,常常会迸发出矛盾、愤怒、质疑,法制如何在呼应实

---

　　①　以美国著名社会学家塞尔兹尼克为代表的美国法社会学重要流派——伯克利学派,把社会中的法律现象具体划分为三种类型,即压制型法、自治型法、回应型法。回应型法是作为回应各种社会需要和愿望的一种便利工具的法律。

质性社会公共准则的前提下成功应对新情况,重要法律领域又怎样调整对应的法律关系,法制的正统性该如何维护,这些将是本章所要讨论的。

第一节　与多元社会文化相适应的
　　　　当代宪法制度　❈　❈　❈

　　早在英国殖民统治时期,英国人将西马分为 10 多个州,在土著民族和外来民族之间,给予土著民族优先权。分别实施三种不同类型的殖民统治。第一种是地道殖民地型。英国在马六甲、槟榔屿、新加坡三州成立"海峡殖民地",并派总督设立行政会议和立法会议,由英国人直接处理当地的行政和政治事务;第二种是"以夷制夷"型,英国人将柔佛、吉打、丁加奴、吉兰丹和玻璃市五州组成马来联邦,各州名义上的统治者为世袭苏丹,各州有自己的宪法,由英国人出任主要的行政官员并执掌政务;第三种模式是对前两者的折中。英国人在霹雳、彭亨、雪兰莪、森美兰等四州设立参政司,苏丹仅为本州最高统治者的象征,负责有关伊斯兰教会和马来人风俗的事务,实际的行政和政治权力执掌于参政司。实行上述第二种和第三种模式的九个州,其马来世袭贵族受到英国政府的充分优待,政府中一般的工作人员也是马来族人。上述两种模式形成的传统,为今天马来西亚的联邦君主立宪下的内阁制奠定基础,这既是马来人特权的政治历史基础,也构成了马来西亚社会中族群矛盾冲突等问题的历史根源。①

---

　　①　刘本富:《浴火重生的东南亚各国》,台湾五南图书出版有限公司 2000年再版,第 72 页。

一、独具特色的君主立宪制及国家权力的归属

马来西亚实行君主立宪制,君主称"最高元首"。马来西亚的
君主立宪制是传统与现代的融合。君主(伊斯兰教徒口中的苏丹)
的概念在马来人的思想里已经有几百年的历史,独立前除海峡殖
民地以外的马来半岛上,普遍存在着各政教合一的国家,君权神授
已经成为马来人的法制传统,而非马来人作为外来谋生者,认为事
不关己,也从来不加以过问。可以说,马来西亚传统社会对君主统
治早已达成合意。近代以来民主、平等、国家、社会等观念渐渐传
到世界的每个地方,也包括马来西亚,人们的权利意识逐步苏醒。
如何在尊重传统的基础上,构建符合现代标准的国家体制?英国
殖民者同各族精英代表(其中以马来人和华人作用最大)经过谈判
与妥协,最终发明了马来亚(后来成为马来西亚)的君主立宪制。
君主立宪制保留了君主制,尊重了传统社会的选择,又通过立宪,
树立人民主权、限制君主权力,实现事务上的共和主义理想,而不
是共和政体。

马来西亚的最高元首是国家权威的象征,是国家的最高统治
者。不同于其他君主立宪制国家,马来西亚的君主制不是世袭的,
而是选举①产生的;不是终身制的,而是有任期的;不是个人君主
制,而是集体君主制。②象征意义上,最高元首是国家的最高领导
人,领导立法、行政、司法。他是国会的组成部分,但他不能拒绝批
准参、众两院已经通过的法案。作为行政首脑,他任命总理与内阁
成员。作为司法首脑,他任命联邦法院首席大法官、上诉法院院

①　最高元首由统治者会议选举产生,一届任期 5 年。统治者会议由 9 位
世袭苏丹和 4 个州的州长组成,其中 9 位世袭苏丹有资格被选为最高元首。

②　米良:《东盟国家宪政制度研究》,云南大学出版社 2011 年版,第 201 页。

长、高等法院首席法官等。最高元首实际上象征着马来人的政治统治地位,同时也是国家的宗教领袖,其无上地位不可动摇。在君主立宪制下,最高元首是一个宪法惯例,他的声望和职责,胜过了书面的宪法。宪法"第一次为其社会不同族群、不同文化、不同语言的人民创设了一个活生生的国家符号"。① 马来西亚国家有最高元首,地方上也有统治者。马来西亚有 9 个州,还是由世袭苏丹统治。这些苏丹就是所在州的最高元首,他们代表所在的州。实践中,9 个苏丹在统治者会议上轮流当选最高元首,每位苏丹均有机会,除非他谢绝担任,一轮结束再开始新的一轮。统治者会议享有最高国家权力机关的地位,体现在审议并颁布国家法律、法规;对全国性的伊斯兰教问题有最终裁决权等。统治者会议无固定开会时间,凡经最高元首或会议成员 3 人以上请求,都应开会。最高元首身处王位但不行使统治权。在大多数问题上最高元首总是根据内阁的建议行事,提供建议的也可以是行使内阁权力的部长——实际上就是总理。但他也有一些可自由行使的权力或者是特权,如任命总理,但必须确保候选人得到议会内绝大多数人的支持,而且他有权解散议会。对带有族群敏感性的宪法问题要进行某些修改,必须事先征求统治者会议的意见。

马来西亚宪法规定,马来西亚最高元首和州统治者(州元首),均拥有司法赦免权,即最高元首对一切经军事法庭审判的犯罪、联邦直辖区内的一切罪犯拥有赦免、减刑及缓刑的权力,各州统治者和元首对本州境内的一切罪犯拥有赦免、减刑及缓刑的权力。最高元首行使赦免权时,应根据内阁或内阁授以全权的部长所提供的建议行事;州统治者或州元首行使赦免权,应根据州赦免委员会

---

① [澳]吴明安:《马来西亚司法制度》,张卫译,法律出版社 2011 年版,第68 页。

所提出的建议行事。[1] 这种政治制度源自《古兰经》的论述,书中要求信道之人"服从使者和主事人",遵从"使者和主事人的判决""当与他们商议公事""他们的事务是由协商而决定的"。前述主事人在现代社会就是君主、苏丹、总统、总理、乌来玛等,强调决策须经过协商。不过,围绕最高元首、州统治者的特权,还是随着社会文化的变迁,逐步受到更多的限制,哪怕只是表面上的。1983 年政府试图更明确地限定最高元首的权力。议会通过了一项立法,废除了关于一项法案要成为法律必须由最高元首签署的这一规定,并将总理的权力扩大至拥有充分权力宣布国家进入紧急状态(而非最高元首依据总理的建议行事)。由于时任最高元首拒绝签署这项法令,一场危机发生了。然后政府领导人发起攻势,在公众集会上指责统治者,并允许媒体公开揭露皇家的不检点行为。到1984 年年初,双方达成了妥协,使政府的实质要求得到了满足,尽管这实际上在一些方面反而强化了君主制:最高元首有权可通过将法案返回议会讨论以延迟立法。根据威斯敏斯特制度,他不拥有这一权利。最高元首宣布国家进入紧急状态的权力并没有更改,但统治者作了非正式的保证:其总会依据建议行事。1993 年,对宪法作了进一步修改,通过一个特别法庭,废除了最高元首和苏丹们的司法豁免权,而且也减少了皇家的赦免权,除非依照建议行事。[2] 1994 年 5 月修改宪法,规定最高元首必须接受并根据政府建议执行公务。2005 年 1 月,马议会再次通过修宪法案,决定将各州的水供事务管理权和文化遗产管理权移交中央政府,这些规

---

① 米良:《东盟国家宪政制度研究》,云南大学出版社 2011 年版,第 237 页。

② [澳]约翰·芬斯顿:《东南亚政府与政治》,张锡镇等译,北京大学出版社 2007 年版,第 158 页。

定可以看出马来西亚中央政府集权正在强化,传统王权正在弱化,①最高元首逐渐成为国家的象征性代表,而真正的实权掌握在执政党联盟之首的手中。

源自马来西亚法律传统的君主立宪制,植根于绝大部分马来西亚人对权威的认同。历史上的马来西亚是多个独立的苏丹国,苏丹国们虽然实施的法律内容略有差异,但世袭苏丹们都享有至高无上的权力,臣民对苏丹从宗教上到司法上都是附属的,"苏丹的指示就是法律",臣民以前是没有什么话语权的,与西方刑法思想的原生性不同,马来西亚的现代宪政思想大部分是继受的,那些与本土价值观严重背离的"荒诞"念头,不可能被人们理解、内化。君主立宪制下,国民对苏丹的崇拜加以延伸至最高元首。最高元首是国家权威的象征,并且受到宪法的保障,无论是不是穆斯林,都要遵守。不过,这与东方的集体主义观念并不矛盾。因为除了马来人之外,权威意识本来就是华人、印度人世界观、价值观的一部分,也符合土著人的首领崇拜观念。因而,君主立宪制就成为马来西亚国家基本制度,牢固不可动摇。

君主只具有精神上的国家权力,真正的国家权力掌握在议会和内阁手中。议会拥有立法权、财政控制权、监督权。马来西亚的议会分为上、下两议院,联邦议会通过立法、财政审计等方式控制各州。按照马来西亚联邦宪政惯例,在参议院 70 名议员中,各州由每州立法议会摊派两名,选举产生的代表总共 26 名,而最高元首指定的代表则多达 44 名,且参议员资格的变动是低调私下进行的,参议员所在的州没有任何发言权。联邦宪法第 45 条第 4 款的立法初衷是最终实现整个参议院议员均由各州选举产生。遗憾的

---

① ［马］王国璋:《风云五十年:马来西亚政党政治》,马来西亚永联印务 2007 年版,第 7～17 页。

是,这一点一直被历届政府忽略。① 下议院议员由选民直接选举产生,下议院有弹劾政府、对政府提出不信任案、修改宪法、修改法案的巨大权力。

内阁是最高行政机关,内阁的组成由联邦议会中占多数席位的政党决定。马来西亚执政党联盟选举获胜后,内阁成员和州首席部长的名额分配均由各成员党内部协商确定。除沙巴州存在州长任命的议员外,其他各州都是人民直选的议员,各政党运用自身的地域、族群、宗教优势,角逐各州的议会席位,让本党或同一政党联盟内党员出任州务大臣或首席部长,并进一步操控州行政委员会,将该州发展为自己的势力范围。可见,无论是中央还是地方,都是由议会多数党掌权,多数党领袖也就成了马来西亚真正的国家权力归属者。

二、马来西亚联邦制形成的社会文化背景及运作

马来西亚的国家结构形式是联邦制,这一制度从马来亚独立起确立,并延续至马来西亚成立。二战后,英国主张建立"马来亚联邦计划",但很快遭到普遍反对,其中马来人的反抗最激烈。最后,英国政府代表、苏丹、巫统领导人多次协商,决定以"马来亚联合邦"取代原来的"马来亚联邦"。"马来亚联合邦"仍然实行马来亚与新加坡的分离,由高级专员取代总督;在中央除行政、立法议会外,增设苏丹议会(又称统治者会议),苏丹是各州名义上的首长,任州行政议会主席;承认马来人的特权,提高了取得马来亚公

---

① 　[澳]吴明安:《马来西亚司法制度》,法律出版社 2011 年版,第 68 页。

民资格的条件,取消了原来的出生地原则。[1] 1957年,马来亚在英联邦内独立,原来的联邦制也通过宪法继承下来。1963年,新加坡、沙巴、沙捞越加入,成立马来西亚联邦。后来,由于政治和经济上的原因,新加坡被要求退出马来西亚联邦。马来西亚的各苏丹国早于联邦就已经存在,英国殖民者长期对它们利用、支持,当地的马来人习惯于视苏丹国的苏丹为领袖,其他族群在政治上没有话语权,他们多认为自己不过暂居此地,关心的重点更多放在经济利益方面。各苏丹国的独立性较强,历史上长期自己管理本国内的财政、税收、文化、教育,有自己的立法、行政、司法模式。另一方面,马来西亚各地区的经济、社会发展程度不一,族群结构也差异较大。马六甲海峡沿线地区经济较发达,港口贸易繁荣,不同族群杂居普遍,而马来半岛内陆地区主要依赖传统种植经济与自然资源,马来人为主的族群构成相对单一,很难见到不同族群的身影。东马面积广阔,土著人口聚集,经济相对落后,主要是出口自然资源和农产品。根据国家结构形式的相关理论,若某个族群高度集中于某一特定区域,或经济发展水平不同步,则实行区域性自治或联邦体制较为合宜,马来西亚恰好符合此要求。马来西亚的联邦制承认州享有相当大的自主性,各州有权因地制宜地施行制度,这样,13个州在差异巨大的情况下,才得以停留在联邦内。

各独立的地区成员达成妥协,被共同吸收进一个统一的国家。国家权力和地方权力之间会按照宪法的规定进行分配,包括立法、行政、财政、宗教等诸多权力。联邦制可以成为一种有效遏制专制和权力滥用的机制,权力在被分散和下放中,中央和地方两级都会受到规则的约束,尽管事实上很难对上述规则做系统的说明,落实

---

[1]　马燕冰、张学刚、骆永昆:《马来西亚》,社会文献出版社2011年版,第112页。

这些规则就更难。联邦制这个概念本身就指向法治和民主,联邦制所追求的目标应该是法治与民主的精神,而不仅仅是法律结构。作为世界流行的一种政府形式,联邦制的风行程度不断增加。联邦制认可了国家与地方的需求,并顺应着世界范围内计划经济的衰退与市场经济繁荣。在一党制国家备受诟病时,多政党综合合作的呼声越来越高,联邦制恰好提供了这种可能。然而,较之单一制国家,联邦体系需要额外的代价和复杂的运行模式,能够延续,也从侧面印证了联邦制构想的生命力。令人吃惊的是,印度尼西亚拥有广袤的岛屿、庞大的人口以及多元文化,却是单一制国家,而马来西亚面积更小、人口更少、相对更平衡分布的多元族群,却选择了联邦制。这种看似的矛盾可以从历史解释,也许还有文化的因素,更不可缺少的理由,应该还是州的自治要求,以及效率政府与经济发展同样重要的理念,因此,联邦制似乎是马来西亚政府不可改变的基础。除非沙巴和沙捞越有明确的分离要求,马来西亚现在的联邦制就可能不会变。但是,判断一个给定的制度在多大程度上是联邦制的本质,除了宪法条文,还应当参考政府的行为。不过,通过研究发现,马来西亚的联邦制含义在最近几十年发生着变化。[①]

联邦制的核心曾被学者描述为"建立一种政治体系,在其中,中央和地方政府地位相当,任一方在法律、政治上不从属于另一方"。在联邦制中,对立法权的划分至关重要。《马来西亚宪法》第七章是关于联邦和州的关系的规定,而其中第 74 条界定了联邦和州的立法机关享有的立法权的范围,并通过附表九具体列举出来。在该表中,立法权按照事宜一分为三:联邦立法权、州立法权、共同

---

① Andrew Harding,*Law*,*Government and the Constitution in Malaysia*,Kluwer Law International,London,1996,pp.167-168.

立法权。联邦立法权事宜只能由国会立法;州立法权事宜只能由州立法议会制定法律;对共同立法权事宜国会和州立法议会都可以立法。附表九中没有列举的事宜,都认为属于州立法权。一旦联邦法律与州法律不一致,联邦法律优先而州法律与联邦法律不符的部分无效。①《宪法》②第七章及相关附表搭建了马来西亚联邦体系的法律基础。仔细观察上述法律,会发现:联邦立法权的事宜多于州立法权的事宜;联邦拥有所有最重要的权力,例如防卫、税收、贸易等;联邦也承担所有最费钱的支出,包括教育、健康、运输等;沙巴和沙捞越比其他州享有更多的权力,如身份法、移民。国会和州议会都不得占用另一方的立法权限。联邦法院作为最终裁决者,处理所有关于联邦和州立法权的纠纷甚至于州之间、联邦和州之间所有的纠纷。联邦法院的相关判例给其他法院树立了一个处理类似问题的标准。在 Mamat bin Daud v. Government of Malaysia③ 一案中,《刑法典》第 298 条 A 款的修订受到挑战,因为此款创设了一种新的犯罪,罪行是"危害基于宗教对团结或和谐的维护,导致不和、分裂、敌对情绪、仇恨、恶意或偏见产生等"。该案中,被告被指控危害穆斯林的团结,因为在星期五的祈祷中未经授权担任报时员、主持人及其他工作人员。被告则辩护称《刑法典》第 298 条 A 款违背《宪法》第 74 条,因为它在"核心与实质"上涉及伊斯兰问题,这属于州立法事宜,超越了国会的立法权。联邦法院于是对《刑法典》第 298 条 A 款深入研究,最后根据 3∶2 多数原则,裁定此款禁止的行为与公共秩序无关,而直接涉及宗教,这不是州立法事宜。无论合理或不合理,上述案例中的判决会对联

---

① Dato'KC Vohrah&Philip TN Koh&Peter SW Ling, *The Constitution of Malaysia*, LexisNexis, 2004, pp.329-333.

② 此处及下文的《宪法》,均指《马来西亚宪法》。

③ [1988]1MLJ119;[1988]LRC(Const)46.

邦立法权的行使加以限制。裁判中运用的"核心与实质"原则,有两方面的意义:一方面,反对过于灵活(似是而非)地行使立法权;另一方面,不能过于死板地划分立法权,因为基于一个目的行使的权力有时可能会触及另一个目的。《宪法》第 76 条,给国会就州立法事宜立法开了个口子,只要为了:(Ⅰ)实施国际条约,或(Ⅱ)促进两个以上州的法律统一,或(Ⅲ)应州立法机构的要求。不过(Ⅰ)不包括伊斯兰及习惯法,还得咨询相关州政府,此外,(Ⅰ)和(Ⅱ)只在州立法机关通过时成为州法律并发生效力,也可以被州立法机关修订。另外,出于维护法律和政策统一的目的,国会被赋予特殊的权力,可以对某些土地问题和地方政府问题制定法律,且不需要经过州立法机构的批准,不过这些法律仍然是联邦的法律,由联邦执行。《宪法》第 76 条 A 款进一步缓和立法权的死板分界,因为国会可以授权州立法机构就联邦立法事宜立法(如有需要,会加以限制),如同这些事宜属于共同立法权事宜一样。国会还可以宣告某一地区为实施发展规划的开发地区,并为了国家利益强行征用州的土地。这项权力让联邦为了实施发展规划可以染指州的立法权力,不过,这项权力还从未行使过,联邦和州立法权的正常行使已经能够满足发展的需要。

对联邦和州立法权的划分,伴随着执行权的分配。相应的,执行权分配也不应死板。联邦法律可以将一些执行权授予州上,例如《移民法》允许沙巴、沙捞越政府在各自的州管控移民。联邦和州还可以约定由一方代表另一方行使执行权。不过,行使州执行权得符合该州适用的联邦法律的规定,且不能妨碍或损害联邦执行权的行使。有趣的是,联邦执行权并没有受到与州执行权类似的限制。这样规定的假定前提是:如果州上完全配合,便可以维护法治,避免联邦危机。不过,问题是:万一联邦的执法不合理或不公平,危机可能会加重。无论该问题出现的概率有多大,上述规定

实际上加重了州对联邦的依赖。

财政对联邦制十分重要,联邦和州政府只能量入为出。联邦政府对联邦立法权事宜买单,州政府承担州立法事宜的开销,至于共同立法权事宜,则"谁行使谁支出"。税收方面,只有联邦有权征收所得税。这曾经引起争议,认为州上的权利受到损害,但马来西亚的主管委员会认定州上征收所得税会导致低效、重复浪费,从而明确了所得税征收权限。尽管州上想要税收资源的独立,这些资源本质上应是联邦的而非州上的财富。州税收的来源是按照某种方式从联邦转移资金到州,具体在《宪法》第109条和附表十都有阐述。联邦有义务转移资金给州,其中没有自由裁量权,从而联邦就不可能以这条途径"惩罚"州。如果联邦想要"饿一饿"州,最多延迟资金转移,或拒绝动用州保留基金①对州提供帮助。州上也享有《宪法》赋予的一些税收,其中最重要的当数那些源自自然资源的税收,例如锡、石油、矿藏、木材等。州上的资金从财政方面看是复杂的,不过分配的原则也相对清楚。譬如《宪法》第109条(1)款,联邦有义务按照人口数拨款给州。拨款由联邦政府按照每年的人口预测进行,且有利于人口较少的州,并且标准会随着通货膨胀变动,但不得少于前一年的90%。② 维护州上的公路是一笔巨大的开销,而公路又是基础设施的重要部分,因此《宪法》第109条(1)款要求联邦支付州公路专项拨款给州上。除非向联邦政府或征得联邦政府同意,州政府不得借贷。在1971年宪法修正案中,严格限定了"借贷"的含义,将州在合约中接受预支、偿还收益、退还收益的行为予以禁止。此举大大限制了州上增加税收的合理尝试。为成功处理联邦内容易出现的财政差异和财政困难,需要一

---

① 《马来西亚宪法》第109条(6)款所规定。
② 《马来西亚宪法》第109条(2)款所规定。

种机制,在马来西亚,就是国家财政委员会。所有财政方面的潜在争议都由国家财政委员会处理,值得注意的是,公开的财政争议,无论州与联邦,还是州之间,都几乎没有。这与国家财政委员会的组成、运作模式密不可分,也印证了国家财政委员会的工作成效。

沙巴和沙捞越两个州与联邦的关系,与其他州有所不同,这两个州在马来西亚联邦内享有特殊的地位,须要区别对待。《宪法》第76条A款和第80条(1)款分别规定拓展州的立法权和执行权的权力属于国会,但如果对象州是沙巴或沙捞越,则拓展权改属于最高元首,只呈送国会知晓。① 国会对州上某些土地问题和地方政府问题制定法律的规定,也不适用于沙巴和沙捞越,它们对上面两个问题享有完全的立法权。还有已经提到的移民问题,沙巴和沙捞越对移民入境各自的州有管控权,哪怕来自马来半岛的移民。特别有意思的是,沙巴和沙捞越可以立法额外征收销售税,但该法不得区别对待不同产地的相同商品形成关税壁垒,且两州的销售税不得优先于联邦的销售税。② 不过,两州很少有额外销售税法案通过。因为如果有,可能会引起争议,这只是给两州保留的税收不足时的最后补救措施。此外,当宪法修正案影响沙巴或沙捞越时,两州的政府有权否决。很奇怪,这里起决定作用的是政府,而不是州立法机关。因此,因缺乏民主的授权,沙巴或沙捞越人民的利益可能会被州政府放弃,制度性的风险长期存在。在财政方面,沙巴和沙捞越还享有一些特殊的好处,如拨款、税收、借贷等。

马来西亚的联邦制看似保护州的权利,不过,现实中的一些情况却减少了保护。第一,执政联盟往往能够控制国会两院的三分之二多数代表,州的权利只能任凭联邦政府的摆布,这是法律上的

---

① 《马来西亚宪法》第95条c款所规定。

② 《马来西亚宪法》第95条b款(3)项所规定。

可能。第二，联邦法院作为州权利保护者，其作用有所下降。第三，国会可以通过宣告紧急状态，出台法令以修改州宪法，如 1966 年沙捞越危机。第四，在没有获得其他州同意的情况下，通过接纳或驱逐某州来改变整个联邦的实质，如新加坡被驱逐出联邦。根据上面这些，对州上而言，不能只看它们拥有哪些宪法权利，关键的是马来西亚的政策究竟多大程度上"拥抱"着联邦制。马来西亚历史上的几次联邦制危机，如 1966 年沙捞越危机、1977 年吉兰丹危机、1985 年末持续到 1986 年初的沙巴危机、1994 年沙巴危机，无不是州上维护州宪法、反对联邦干涉的爆发，并且在上述危机中，联邦政府大部分都能够战胜州内的政治性反对，甚至这些反对被州选民所支持。

学者 Tilman R.O.认为，"马来西亚不是联邦，因为这是一个多重社会，但毫无疑问地，不同族群与宗教均匀地分布在马来西亚，有助于联邦制的生根发芽。"①

按照一般意义上理解的联邦制，马来西亚不是真正的联邦，而是"半联邦"，因为州和联邦之间的宪法权力没有真正平衡。尽管联邦权力的明显优势，联邦制并不是幻觉，政府行为目前仍是联邦制的特征。不过，人们会逐渐接受"一个马来西亚国家"的观念。也许，或政党政治或资源，会引起联邦与州关系的新危机，州权力的处理方式将被更新。有学者认为大部分的联邦制内存在动力因子，联邦制不是稳定的实体，要么向心，要么离心②。如果这样，马来西亚似乎是向心的。如果这是国家建立的自然过程，也许就不是什么坏事。只是，经常地这是一个强加的过程，依赖于联邦的政

---

① Andrew Harding,*Law*,*Government and the Constitution in Malaysia*, Kluwer Law International,London,1996,pp.180-183.

② 向心：倾向或正在发展为一个单一制国家。离心：倾向于一个联邦国家的解体。

治支配地位,而不是纯粹的联邦和州之间的利益统一化。总的说来,马来西亚应当看作联邦制的成功典范,较之世界其他地方的失败例子,它总体上还是稳定与自我调适的。[①] 特别是基于历史和地理的原因,沙捞越和沙巴两州与马来半岛上各州相比与联邦政府之间的关系实际上比较松散,并拥有更高程度的自治权。[②] 在分裂病毒蔓延的今天,东马两州依然是马来西亚联邦制下的分裂隐患。马来西亚的半联邦制成功加强了对东马两州立法和行政的控制,有效避免了东马两州进一步边缘化。

三、遵从并保障多元社会文化的政党制度

在马来西亚,执政党与在野党长期共存。近年来,执政党的优势地位逐渐丧失,以致在大选中在野党曾取代执政党,获得议会的多数席位。马来西亚的政党制度呈现出:多元性,单一政党的影响力逐渐受到制约,执政联盟成常态;动态性,平衡性政党制度自身不断调整,执政党与在野党的身份开始出现轮换、反复;族群性显著,意识形态不彰,新兴政党或联盟只是国阵模式的翻版,没有解决社会的根本裂缝。[③] 在政党制度运作模式中,马来西亚式政党联盟独具特色,从马来西亚独立前出现,并在几十年间不断发展,中间虽经历波折,但总体上对马来西亚本土有很强的适应性。

二战结束后,英国恢复了对马来西亚的殖民统治,为了争取独

---

① Andrew Harding, *Law,Government and the Constitution in Malaysia*, Kluwer Law International,London,1996, pp.180-183.

② 祁希元:《马来西亚经济贸易法律指南》,中国法制出版社 2006 年版,第 12～19 页。

③ [马]王国璋:《风云五十年:马来西亚政党政治》,马来西亚永联印务 2007 年版,第 7～17 页。

立,1954 年由巫统、马华公会、印度人国大党三党从当时 30 多个政党组织中脱颖而出,正式成立"马华印联盟"。1957 年,马来亚联合邦独立后,该联盟成为执政党;1965 年为了壮大力量,又与东马两州的"联盟党"结盟,组成了"马来西亚联盟党"。建国初期的主要反对党是泛马来西亚伊斯兰教党和人民行动党,前者是对巫统的伊斯兰教政策不满的马来人,从巫统中分裂出来另立一党,政治主张是建立政教合一的伊斯兰教国;后者是以华人、城市工人为主的少数民族政党,主张马来亚各族权利平等,建立马来西亚人的马来西亚。人民行动党的纲领威胁了"马来人优先"原则,双方冲突一触即发,拉赫曼与李光耀谈判的结果是新加坡脱离马来西亚自立为国,人民行动党在马来西亚的分部改组为民主行动党,其党纲与宗旨几乎完全不变。然而,马来西亚国内的族群矛盾并未彻底解决,1969 年大选,民主行动党大胜引发华族和马来族的暴力冲突,以致"全国行动委员会"取代内阁和议会,这种全国戒严状态持续了快两年的时间。为妥善解决族群、政党、宗教问题,拉扎克政府于 1970 年提出"新经济政策"并实施"国民阵线运动"。1972年,马来西亚联盟党与华人为主的人民运动党在槟榔屿州组成联合州政府,与印度人为主的人民进步党谈判达成共建霹雳州政府的协议,积极支持沙捞越州华族为主的沙捞越人民联合党和沙捞越联盟组成联合州政府,1974 年又与泛马伊斯兰教党达成共同组建各级联合政府的协议。经过上述的政党整合,一个势力范围包括了东马、西马各州和各民族的更大的政党联合组织的联合执政党"国民阵线党"及其联合政府缔造完成了。①

　　国民阵线党的政治主张是"消除贫穷,在族群和谐团结的基础

---

　　①　祁希元:《马来西亚经济贸易法律指南》,中国法制出版社 2006 年版,第 12～19 页。

上,建立一个和平、廉洁、公平和繁荣的马来西亚"。国民阵线党的各成员党的主席组成国民阵线最高理事会,理事会主席就是巫统主席,各成员党保持相对独立性,但须受理事会的领导。在大选中,各成员党以共同的政治主张和竞选纲领参选,并由理事会主席分配席位。国民阵线党自成立后,长期保持着执政党地位。国民阵线由当初成立时的 11 个党,历经数次变动,发展至 14 个成员党:巫统、马华公社、印度人国大党、民政、人民进步党、土保党、沙捞越人联党、沙巴自由民主党、沙巴团结党、沙巴人民团结党、沙民统、沙捞越民主进步党、沙捞越人民党、沙捞越达雅克族党。根据马来西亚《宪法》的规定,允许反对党的存在,从独立初期的"泛马伊斯兰教党",到 70 年代民主行动党、四六精神党、沙巴团结党等反对党的崛起。从 1992 年起,反对党也以政党联盟的形式在政坛上提出主张,由 7 个反对党组成人民阵线,从巫统内部分裂出去的泛马伊斯兰教党和四六精神党还和民主行动党组成三党联盟。这对巫统造成严重影响,1988 年巫统被法院宣布为非法,当时的巫统主席马哈蒂尔被迫将该党以"新巫统"名义重新注册,直到 1996年"四六精神党"重返新巫统,新巫统再次还名为巫统。1999 年大选中,旺阿兹沙与民主行动党、伊斯兰教党共同组织"替代阵线",与国民阵线党对抗。

2008 年"人民联盟"成立,其成员有:公正党、民主行动党、伊斯兰教党,人民联盟在 2008 年和 2013 年马来西亚大选中都获得了空前的胜利。以"巫统"或者"新巫统"为核心,以政党联盟的形式执政是建国以来马来西亚政坛似乎不变的规律,无论是国民阵线还是希望联盟,马来西亚人民可以做出更加理性的选择。

那么,为什么无论执政党还是反对党都逐渐选择政党联盟的形式? 对马来西亚的政党联盟该如何评价呢?

第一,马来西亚的政党、族群、宗教的对立需要政党联盟进行

妥协。马来西亚是个多元族群、多元民族与多元宗教的国家,又实行多党制政党制度。马来西亚的政党大多具有鲜明的族群性和地域性,例如全称为马来民族统一机构的巫统,其党纲是:"维护马来西亚主权和独立,尊重宪法以及捍卫宪法所规定的原则,特别是国教(即伊斯兰教)、马来统治者的权力、国语以及马来人的特权等。致力于创建一个团结与强大的马来民族,努力促进马来人的经济发展,创造一个以马来文化为主的国家文化。"这是唤起以马来人为中心的民族主义。马华公会的政党宗旨是培植和保障马来西亚华人社会的政治经济、文化和福利,促进各民族的亲善。印度人国大党政党宗旨是维护马来亚印度人利益。因而,马华公会和印度人国大党大体上可看作代表华人、印度人参政执政。反对党民主行动党的主要支持群体是华人,支持者集中在华人较多的城市,包括吉隆坡、雪兰莪、槟城、霹雳等地区;反对党伊斯兰教党,主要受保守的马来穆斯林支持,势力范围主要在北部的吉兰丹州和丁加奴州;原名霹雳进步党的人民进步党,在霹雳州则势力较大;还有代表当地土著民族利益的沙捞越土著保守联合党、沙巴民族统一机构等。

这些代表着不同甚至对立的政治诉求的政党为了政治利益最大化结成政党联盟,但相互间的矛盾只是搁置而非消除,并且执政联盟中各党的参政话语权差异大,不真正具备政党联盟中庸调和的本质,众小党依附着某个族群性大党苟安,小党难以捍卫自己的基本权益,即便是马华公社在利益谈判时,也不得不做出许多妥协。① 为维护政党联盟的持续,执政成员党有时无法表达所代表族群的政治诉求,这又为族群内部的反对党获得部分族群群众的

---

① ［马］王国璋:《风云五十年:马来西亚政党政治》,马来西亚永联印务 2007年版,第7～17页。

支持埋下伏笔。

第二,马来西亚的政权结构促成着政党联盟的产生和发展。马来西亚沿袭英国式的政权结构,内阁的进退取决于议会席位的数量,那些力量较小的政党,在议会竞选中为取得议席分配权的有效票数,同其他政党,特别是同比较大的政党结成联盟共同竞选。同时,力量较大政党因其难以在议会竞选中获得单独执政的法定多数,而被迫同其他政党结成联盟争取获得法定多数,组成联合内阁。这种联合内阁的政策和行为必须为其成员政党共同接受,否则就会引起政局危机,以致内阁倒台。要想在大选中获得议席,实现对更多的州的执政,团结不同背景、不同利益群体的政党无疑是有效的途径。马来西亚的宪政实践也正是沿着这个方向发展的,从马华印联盟到国民阵线,加盟的政党数目大量增加,使其具有广泛的群众基础,能够在多次大选中立于不败之地。[1] 笔者认为,马来西亚的政党联盟是竞选联盟和执政联盟的混合体。

斯大林说:"党是政权的核心,但它和国家政权不是且不能是一个东西。"[2]我们不得不承认马来西亚的政党联盟总是由行政精英同时也是政党精英主导的。从建国初期东姑·拉赫曼发起的联盟党,到在"新经济政策"背景下,阿卜杜拉·拉扎克领导将其扩大为国民阵线,并且把国阵的大门敞开,使其随时能充分吸纳代表各种新兴政治力量的党派加入,从而获得不同族群和地域的选民的支持,将立法和行政、司法权牢牢掌握在自己手中。

马来西亚的宪政体制是英国式的威斯敏斯特议会制,行政权和立法权没有分离,行政在国家政治生活中还是处于最强势的地位。总理可以提前向最高元首要求解散国会进行大选,也可因议

---

[1]　马燕冰、张学刚、骆永昆:《马来西亚》,社会科学文献出版社 2011 年版,第 211 页。

[2]　http://tool.xdf.cn/jdyl/result_sidalin13.html.

会对总理投不信任票而导致解散国会,各州首席部长可向苏丹或州长要求提前解散州立法议会,举行州选举;法律与行政及其背后的执政党联盟的关系紧张,终于在1988年爆发了那场总理与司法的争斗,结果是最高法院院长和两位大法官被解职,总理所在的执政党联盟国民阵线成功维护了自己的政治地位;法律被行政操纵、利用,反对党动辄得咎,煽动法、印刷出版法、官方机密法诸法对反对党的言论自由和集会游行权利加以钳制,使其无法与执政党公平对阵。① 当代宪政理论强调人权的扩张和权力制衡的重要,主张通过保障平等的自由来实现利益的公正分配,通过公正的程序机制实现形式法治和实质法治的统一民主,马来西亚的政党与行政乃至立法糅合在一起,法律的监督作用无法全面发挥,成为马来西亚政党联盟制度的一大弊病。

　　第三,政党联盟自身长期制度化管理,有助于赢得大选。在大选中,政党联盟按各成员党的势力范围民主协商分配选区,各成员党在所分配的选区中提名本党最有影响力的候选人参选,并对参选人实行严格的控制,某些政党甚至强迫政党候选人签署未注明日期的辞职信,当候选人当选后如不接受政党的经济控制,政党就会将辞职信递交国会,不过这样的人身控制并没有得到法院的支持,没有得以扩大化②。联盟中各成员党相对独立,其参加竞选的人数由内部协商分配,但在大选时联盟各成员采用统一的竞选标志和宣言。参选众议院议员按照一定的地域形成选区,每个选区选出一个议员,依照"得票在先者通过"的规则选出;参议院议员由非直选方式产生,每个州选送两名本州的代表,这两名代表也是各州多数党或多数党联盟的党员。

---

① ［马］王国璋:《风云五十年:马来西亚政党政治》,马来西亚永联印务2007年版,第7～17页。

② 参见 Sinyium Anak Mutit v. Datuk Ong Kee Hui〔1982〕1 MLJ36 一案。

但是制度化管理并没有改变各成员党的族群性,领袖对政党联盟影响很大。具体表现在以下两个方面:

一方面,马来西亚政党属于第三世界国家民族主义政党,它们都强调政党的民族性,追求民族的解放、独立、统一,各政党有自己的一套关于自然界和社会的系统的思想、见解和理论,然而绝大部分政党并没有跳出马来人与非马来人族群分化的圈子,马来人与穆斯林的身份紧紧黏成一块,佛教徒、基督教徒、印度教徒、锡克教徒、无信仰者等非马来人群体被迫聚拢成另一阵营,政党依然是各自族群的代言人。①

另一方面,联邦和各州的政府首脑均由在大选中获胜的政党领袖出任。以马来西亚前任总理纳吉布为例。2009 年 3 月,副总理纳吉布当选巫统主席,成为马来西亚第六任总理。他自小受西方教育熏陶,思维开阔,平易近人,从政经验丰富,处理事务游刃有余。他提出建立"全民的马来西亚,以民为先、以表现为主"的内阁,修改多项法令,让权益回归人民,积极缓和民族情绪和族群矛盾,全面审查争议较大的内安法,改革过分保护马来人权益的新经济政策。② 因而,纳吉布的这些改革尽管困难重重,但毫无疑问是马来西亚宪政制度的重大进步,马来西亚的威权政治正逐步淡化,"马来西亚人的马来西亚"成为人心所向。

综上,马来西亚政党制度的未来将走向何方呢? 马来西亚的宪法中没有对政党的直接规定,政党的法律地位在 1966 年的《社团法》有了较为明确的体现。根据这部法律,允许政党合法和自由

---

① [马]王国璋:《风云五十年:马来西亚政党政治》,马来西亚永联印务 2007 年版,第 7~17 页。

② 马燕冰、张学刚、骆永昆:《马来西亚》,社会科学文献出版社 2011 年版,第 211 页。

的组建,各政党的法律地位是平等的,没有确定执政党和在野党,①因而所有的政党依法自由、独立组建,相互竞争,可以自主地参与包括选举、执政、在野以至国际交往等政治活动。② 政党之间、政党与政权之间、政党与社会之间更多的按照马来西亚的国情确定政党的运作模式。马来西亚的政党制度是一种竞争性的政党制度,其间斗争激烈而反复,出现过两大具有分水岭意义的事件:一是 1969 年大选并出现"五一三"事件,巫统党内重新洗牌,少壮派得势,国会停摆,在野诸党纷纷或无奈或自愿地接受执政者收编,与联盟三党合流,扩为国阵,这其中也包括 1977 年重返在野阵营的回教党;二是 1998 年安瓦尔突遭马哈蒂尔革职、迫害而迅速涌现的"烈火莫熄"运动,而后执政党内部分裂严重,到巴达维政权时,已危机重重,巫统内部派系斗争白热化。与此同时,国阵成员党也开始分裂,沙巴进步党宣布退出国阵,马华公会也出现翁诗杰派与蔡细历派的争斗。巫统党内集权且利益分配不均,同盟党无法再参与大政方针的拟定,只能在执行层面寻求妥协,或处理申诉以图修补行政偏差。这种表面结盟,但党性不变,无共遵的核心价值,甚至存在回教党和民主行动党这样极端相斥的本质,因而各方冲突早晚浮现。执政党或联盟持有的是相对兼容、温和的政治立场,多为维护既得利益的右倾保守主义,在野诸党多有左派渊源,左右之争在所难免。

几十年来巫统保持了胜出和优势地位,但近些年来,反对派联盟逐渐壮大,反对党的影响力波及马国内各族群、地域及宗教领域,覆盖了各种意识形态与政治诉求,并通过先进的传媒方式宣传

---

① [澳]吴明安:《马来西亚司法制度》,法律出版社 2011 年版,第 68 页。
② 朱昔群:《当代世界政党制度:制度类型与运行机制的相关性研究》,载《当代世界与社会主义》2010 年第 5 期。

自己。在激烈的党派竞争中,国民阵线的优势渐渐淡化,马来西亚的一党优势型政党制度面临变革。马来西亚政党制度似乎向着两党派的方向发展,安瓦尔领导的公正党更是在组织和论述上展现出跨族群企图,然而新兴政党能否突破族群的表象,直面更为深刻的阶级对立,还不得而知。将来的政党对决,究竟是要朝欧洲模式演进,或北美模式,抑或其他?[①] 马来西亚法律给政党制度设了很大的舞台,这些变数正是马来西亚政党制度这场大戏的精彩看点。

马来西亚只有处理好执政党与反对党的关系,在对立中寻求最大政治公约数,才能妥善平衡族群、宗教、政党等方面的利益冲突,实现"一个马来西亚"的社会理想。近年来,马来西亚的政党制度顺应了世界宪政民主化的大趋势,民主、平等、自由等宪政的灵魂正逐步在马来西亚深入人心。

四、选举制度背后的族群及宗教力量的博弈

(一)选举史:斗争与妥协中前行

选举制度源于西方学者的天赋主权学说、人民主权学说,是资产阶级反对封建等级授权制的结果。马来西亚在独立前,各地区、各民族民主观念和民主制度建设程度差异较大,既有氏族民主制,也有土邦王国制和总督殖民制。这些制度中有一些选举制度的萌芽,但都不是近代意义上的选举制度。近代选举制度在马来西亚是随着宪政民主化的进程发展的。

二战胜利后,英国发布《马来西亚和新加坡关于未来的宪法的

---

① [马]王国璋:《风云五十年:马来西亚政党政治》,马来西亚永联印务
2007 年版,第 7~17 页。

声明》,提出在总督下设行政和立法两个议会,各州设州议会,但这个"白皮书"计划因遭到马来西亚各阶层的强烈反对而搁浅。英国当局之后又提出"马来亚政制建议书",这个"蓝皮书"以维护马来人特权和封建苏丹的统治为筹码,获取封建苏丹和大资产阶级的支持,在新加坡和马来亚人民的反对中,英国总督和各州苏丹在《马来亚联合邦协定》上签字,"马来亚联合邦"正式成立,英王委派的原总督改任高级专员,同时任联合邦行政议会和立法议会的主席。实际上,英国人仍然独掌马来西亚大权,马来西亚殖民地的性质依然没变。20 世纪 50 年代初,世界各地民族民主运动风起云涌,马来西亚人民民族自治意识日趋强烈,殖民政府被迫在马来亚推行部长制和举行市镇一级的地方议会选举。在这场选举中,当时衰落的巫统和处于下风的马华公会结盟竞选并获胜,后印度国大党的加入,来自马来西亚各民族的政治力量的组合使英国殖民者不得不作出退让,1955 年 7 月举行联合邦立法会议选举,联盟党在立法会议中通过选举和政党组织获得绝大多数的席位,联盟党领袖东姑出任马来亚联合邦首席部长。① 自治政府之后与英国政府多次谈判,英国同意 1957 年马来亚联合邦在英联邦内独立,双方共同起草并通过了《马来西亚联合邦宪法》,这部宪法奠定了马来西亚选举制度的雏形。

到了 1963 年,组建马来西亚已具备客观条件。新加坡、沙巴、沙捞越还在英国的统治之下,新加坡单独成为英国的直辖殖民地,根据自治宪法的规定,1959 年举行首届普选,李光耀当选,新加坡自治;50 年代婆罗洲人先后开始了向民选自治政体过渡,沙巴当时既没有政党,也没有选举制度,仍处在家长式的统治之下,直到

---

① 马燕冰、张学刚、骆永昆:《马来西亚》,社会科学文献出版社 2011 年版,第 115~116 页。

1961 年，官方委员仍控制着行政和立法机构，沙捞越直到 1959 年才举行首次普选，议会中半数以上的席位由殖民政府指定，而不是直接选举产生。经过多方反复谈判，新加坡、沙捞越、沙巴以州的名义与马来亚联邦合并，成立马来西亚联邦，原宪法更名为《马来西亚联邦宪法》，并沿用至今。根据这部宪法，马来西亚是议会君主立宪制国家，由选举产生的最高元首作为最高领袖。这里的选举不是人民直接选举，而是由各州统治者组成的统治者会议选出，这是广义上的马来西亚选举制度中与众不同的地方。

20 世纪 60 年代后期，马来西亚族群矛盾日益尖锐，终于造成 1969 年大选后的"五一三"事件，选举中的争斗是大选揭晓后爆发族群冲突的诱因。70 年代，执政联盟在时任总理拉扎克的倡议下，改组为包括更广泛群体的国民阵线，此举使得国阵在 1974 年大选中以绝对优势获胜，此后的历次大选中均获得执政地位。1999 年，是马来西亚政治发展的分水岭，由于东南亚金融危机和安瓦尔事件，巫统失去了马来人的绝对支持，吉兰丹州和丁加奴州的政权都落入反对党手中。2004 年，马来西亚提前举行大选，国阵创下历届大选最好成绩。但是 2008 年大选，执政党遭遇极大挫败，在国会选举中，失掉国会 2/3 多数地位，在州议会选举中，失去槟城、雪兰莪、霹雳、吉打、吉兰丹 5 个州政权。巫统党内也对是否废除党内提名"固打制"意见分歧很大。之后进行的 5 场补选中，国民阵线仅在沙捞越赢得一场州议席选举。

2013 年马来西亚大选是于 2013 年 5 月 5 日举行的马来西亚国会下议院第 13 届选举，共有 12 个州的州议会同步举行选举，只有沙捞越州除外，沙捞越州已在 2011 年举行州议会选举，要到 2016 年才届满，所以这次只改选国会议席。这届选举被列为马来西亚国家历史上最激烈的一次大选。反对派联盟人民联盟（民联）在这次选举中首次获得了全国过半票数的支持，但执政集团国民

阵线(国阵)仍凭着选区划分优势,得以保住国会的简单多数席位继续执政,并从民联手中取回吉打州的执政权。民联执政的州虽然减少只剩下槟城、雪兰莪和吉兰丹3个,但在这三州的州议会中取得了三分之二加重多数的席次(修宪门槛),在其他州属的席次也有所增加,国阵在霹雳及丁加奴也只能以微弱多数继续执政。根据计票结束显示,得票率人民联盟和国民阵线分别为50.83%、47.42%,执政的国民阵线获得133个国会席位,而反对派人民联盟获得了89个国会席位。马来西亚政治由一线制正在向两线制转变,选民们不单单依据族群,而是更加理性地选择自己支持的政府。

　　族群选票的旧格局被打破将成为选举制度新趋势。在传统马来西亚选举制度中,政党通过限定准入门槛、上下级领导机制、决策和任命制度使自身成为族群利益维护者,而马来西亚以马来人、华人、印度人为主,所以结合三者的国民阵线的霸权统治似乎牢不可破,但在近年受到了巨大的挑战,尤其是在2008年"政治海啸"中,反对党在州议会改选中赢得了作为马来西亚主体部分的"西马"中5个州的政权,加上在吉隆坡直辖区的国会议席的狂胜,已经与执政党在"西马"打成平手。国民阵线的政治基础已经不在马来半岛,而是落在"东马",依靠"东马"两州的支持才能执政。之所以国阵遭遇此次意想不到的挫败,与大批选民跨族群的投票密切相关,选民开始更关注政党的施政纲略和政治主张。安瓦尔领导的公正党一跃成为最大在野党,该党强调超越族群的立场;以华裔和印度裔为主的民主行动党也从国阵内部代表华裔的马华公会和代表印度裔的印裔国大党那里截获不少支持;而以东北部马来裔穆斯林为基础的回教党保持原有地区优势,这些反对党利用国阵的贪腐、行政效率低下、统治手段落后、领导人威信下降、马来半岛土著人利益被忽视等问题,争取到大量的选民,他们转而支持反对派,严重威胁了国阵的社会基础和执政正当。

政党在历届选举中的冷遇或热遇,归根结底是马来西亚社会经济的发展在政治上的写照。在马来西亚独立初的几十年里,消除贫困、改善生活是普通大众的主要意愿,社会整体上处于正在工业化和工业化阶段,公民个人与政党处于社会团结联系,而进入21世纪后,人民的生活水平显著提高,个人开始更多地关注精神层面的需求,社会逐渐向发达的工业经济社会转型,公民个人与政党变为政策、形象、个性联系,这样,政治领袖想利用社会的族群分野就更加困难①,因此选举中的落败也是情势使然。

(二)选举法律文化:公民选举权的土壤

近代选举制度是伴随着西方殖民统治带入马来西亚的,属于法律移植。在这之前,海峡殖民地的普通法、沙巴和沙捞越的习惯法、世袭苏丹的伊斯兰法,这些法律文化中或多或少地存在选举方面的规定,但在政治生活中影响并不大,各地的政府要么非由选举产生,要么半由选举产生,公民的选举权基本上处于休眠状态。当葡萄牙、荷兰、英国、日本各殖民当局占领马来西亚领土后,他们强行推广西方的法律文化,马来西亚的传统文化与继入法律文化产生摩擦,特别是在涉及个人身份方面,继入法律文化并没有能够撼动人们心中根深蒂固的对某些传统观念和行为的认同,华人的中华文化、马来人的伊斯兰文化、印度人的印度文化时至今日仍然发挥着行为标尺的作用。在马来西亚的今天,各州还设有伊斯兰法院,在东马设有土著法院,传统法律文化受到国家强制力保护。

在传统法律社会学中,法律移植有这样的一则规律,工具性法

---

① 社会团结联系指某人对政党的支持是基于对社会某一团体的伙伴成员认同的一种表示。政策、个性、形象联系指选民依据政党所能提供的政策、形象、领袖个性来决定他对政党的支持与否。

律往往比基于文化的法律更容易被继受地接受并吸收为本国法律制度的一部分,很庆幸,选举制度的性质是公民依照法律规定参加选举的权利,属于工具性法律。随着资产阶级民主思想的传播,和马来西亚民族民主意识的觉醒,虽然西方消极地移植选举制度,但马来西亚各界包括各州苏丹和各政党在内,对选举制度的建设积极推动,促使选举规则的法典化,在此基础上实现了国家机构的组建和国家权力的运行,公民选举权有了生长的土壤。

列宁说过:"宪法,就是一张写着人民权利的纸。"①选举权不是宪法"认可"的权利,而是人民通过宪法"创造"的权利。马来西亚关于选举的基本法律制度体现在《马来西亚联邦宪法》中,《宪法》第 113 条至第 120 条涵盖了:选举的举行、选举委员会的组成、专家咨询、下议院选举、州立法议会的选举、对下议院和州立法议会选举的调查、选民资格、参议院的选举。这些条款搭建了马来西亚选举制度的基本框架,宪法的根本性、最高效力性、程序严格性确认了选举基本制度是马来西亚的基本民主政治制度,其内容具有最高程度的稳定性,其他相关法律法令不能违背这些内容,否则无效。

波斯纳说过:"宪法创制者给我们的是一个罗盘,而不是一张蓝图。"②宪法只是对国家机关、社会组织和公民个人做出原则性指引,只有把普通法对选举制度的规定都充分了解,才能全面掌握马来西亚选举制度,不致偏颇。选举制度,是一国统治阶级通过法律规定的关于选举国家代表机关的代表和国家公职人员的原则、程序与方法等各项制度的总称,它包括选举方式、选举机构、选区划分、选民资格、候选人资格、选举日规定、选举的程序和方法、选

---

① http://www.china.com.cn/zhuanti2005/txt/2004 − 03/09/content_5513443.html.

② http://www.hlj.stats.gov.cn/tjfzzl/hdzj/201812/t20181228_71751.html.

民和代表之间的关系等。为了具体规范选举制度，马来西亚国会又通过了一系列选举法律，如《选举法》《地方政府选举法》《选举委员会法》《选举犯罪法》等，并多次修订以适应社会的变迁，这些法律法令与宪法一起，构成了马来西亚的法律体系，公民的选举权正在其中茁壮成长。

（三）马来西亚选举制度的特点

第一，浓厚的宗主国特色与融合法系的趋势。宪法规定："马来西亚实行普选，凡是年满 21 岁的马来西亚公民都有选举权，但有下列情形之一者，应取消其选民资格：1.精神病患者被扣留或治疗期间；2.在选举资格日，其心智不健全或正在服刑，或在英联邦任何地区犯罪而被判处 12 个月以上监禁者。"因为曾在英联邦犯既定之罪，就被剥夺选举权，对选举权普遍性的这种限制，是马来亚联邦在与英国殖民者谈判立宪过程中妥协的产物，西方的殖民历史结束了，但殖民统治者留下的殖民痕迹会在殖民地长久的保留。按照西方的天赋人权，选举权具有平等性，即"一人一票、一值"原则，指每个选民在一次选举中只有一个投票权，每张选票的效力相等。[①] 马来西亚也规定任何人不得在同一次选举中在一个以上的选区投票，确定了一人一票。登记和选举不是强制性的，只有 80% 左右的人会进行登记，进入选民册，他们中的 70% 至 80% 会在选举日投票。

选举法规定，竞选议员资格的排除情形为以下之一："被认定或被宣布为精神不健全者；未清偿债务的破产者；因犯罪被任何法院判一年以上监禁或 2000 马元以上罚款而未获无条件赦免者；未在法定时间内或以规定的方式缴纳选举费用者；具有双重国籍

---

① 　韩大元：《比较宪法学》，高等教育出版社 2008 年版，第 324 页。

者。"实践中,不是所有人都有选举权和被选举权的,各国对选举权和被选举权采取了不同的限制,主要有财产、年龄、住所、职业等。马来西亚的选民年龄限制为年满 21 岁,参议院的候选人年龄限制为年满 30 岁,下议院的候选人年龄限制为年满 21 岁,这样的规定主要是考虑自然人的行为能力和责任能力。世界上对选举权的财产限制有三类:一是美国式的选举权、被选举权皆无财产限制;二是英国式的选举权有财产限制,被选举权没有;三是葡萄牙式的选举权无财产限制,被选举权有。① 很明显,马来西亚选择了葡萄牙式的财产限制,如果没有财产保证,是不能成为候选人的。笔者认为,马来西亚之所以选择早期殖民者葡萄牙而不是后期殖民者英国,一方面,源于对伊斯兰教义的崇拜,伊斯兰教认为财富是真主所赐,真主连最起码的财富都不愿赐给某人,某人也无福享有更多的政治权力;另一方面,马来西亚深受英美法系的影响,英联邦国家法院和马来西亚本国较高级别法院的判例是重要法律渊源,而这里却支持了大陆法系国家的做法,并且带有伊斯兰特色,体现出融合法系的趋势。融合法系的特点是一方面明显地保留着自身传统文化给其法律制度的深刻印迹,另一方面又在许多方面接受了大陆法系和英美法系法制的制度规则。融合是自觉自主的主动行为,不是自发行为。② 另外,双重国籍者也被排除出候选人,既是对马来西亚双重国籍制度的补充性规定,更重要的是对公民权的严格控制。巫统并入沙巴和沙捞越,驱逐新加坡出联邦,利用国籍,在选举中减少对手数量、增加马来人数量。

　　第二,选举委员会地位模糊、权力巨大。宪法规定马来西亚主持选举事务的专门机构是联邦选举委员会,其主要职能是依据联

---

① 梁启超:《梁启超论宪法》,商务印书馆 2013 年版,第 96 页。
② 米健:《比较法学导论》,商务印书馆 2013 年版,第 280～283 页。

邦宪法的规定进行议会及各州立法议会的选举,并编制与修订选民名册。选举委员会参与整个选举过程:代表权的分配、选区划分、取得竞选公职的资格、提名、竞选运动、选举的主持、选民登记、投票、通讯选举、统计、报道和证明选举的结果。①

　　选举委员会的成员由最高元首根据内阁的建议任命,设有主席、副主席各 1 人,委员 3 人,他们通常来自高级公务员。选举委员会的成员必须保证有来自 3 个主要族群的代表以及应包括 1 名沙巴和沙捞越的代表。法律规定选举委员会独立行使职权,所有公共机关均应在其能力范围内协助选举委员会执行职务。成员的构成兼顾了马国各族群,并且对东马予以特殊照顾,具备了民主和平等的表征,然而真的这样吗?内阁是由执政党领袖组建的,他们建议的人往往也是能够代表执政党利益的人,选举是执政党与在野党的较量,裁判只有与双方都无利益上的关系,才能公正裁量;选举委员会在行政上隶属总理公署,后者把前者看作自己的一个机关,委员会成员以及隶下的行政官员也与普通公务员无异;在选举行事上,政府临时调派各级公务员去主持投票事务,从投票站监察员到计票员等,都是领取特别津贴的请假公务员;马哈蒂尔时期,政府修订法律允许高级公务员参加政党,破坏了选举制度的公正性和权威性。

　　选举委员会享有广泛的权力,其中很多环节赋予选举委员会巨大的自由裁量权,如确定选举日期、划分选区等。根据选举法规:"联邦议会和州立法议会的选举最迟 5 年举行一次。在国会解散后,各州应在 60 天内举行议会选举,东马两州因交通不便,可在 90 天内举行选举。新产生的国会应在上届国会解散后 120 天内举行会议。总理可提前向最高元首要求解散国会进行大选,也可

---

　　①　陈云生:《宪法学原理》,北京师范大学出版社 2009 年版,第 255 页。

因议会对总理投不信任票而导致解散国会。各州首席部长或州务大臣也可向本州苏丹或州元首要求提早解散州立法议会。"①

　　马来西亚的大选时间是不确定的,具体选举日期由选举委员会根据当时的政局、政党党内选举、选民状况、选举组织和设施的情况等综合敲定。通常,两次议员大选间隔5年,时间自议会第一次会议开始算起,一旦5年任期届满,选举委员会有权延长60天进行选举,当然,总理可以选择在预定时间前举行选举。议会导致总理下台的事,目前还没有发生过,总理的另一身份是巫统主席,只要国民阵线仍然占据下议院半数以上席位,对总理投不信任票这样的提议就无法通过。所以,在马来西亚政坛,总理的地位略高于议会。但在州层面确实发生过首席部长要求提早解散州立法议会,1966年沙捞越州议员对当时的州首席部长宁甘投不信任票,宁甘以违宪为由寻求司法裁决,获婆罗洲高等法院复位,宁甘决定解散州议会,让选民就政治危机作出裁决,但吉隆坡联盟政府火速宣布沙捞越进入紧急状态,并在国会修订沙捞越州宪法,达到罢黜宁甘的目的,②等时机成熟时再解除紧急状态并举行州大选。

　　两次大选的间隔时间也不都是5年,有间隔4年的,或者因为实施紧急状态而推后。选举时间对参选党派很重要,近期发生的重大事件或出台的政策对选民投票导向明显。

　　选举活动不但要在国会解散后迅速进行,而且对持续的时间也有较短的限制,选举可在议会解散后11天内举行(前4天提名,后7天竞选),由选举委员会大致决定竞选应该持续的时间。例如1986年、1990年、1995年和1999年的联邦选举都在三周之内完

---

　　①　米良:《东盟国家宪政制度研究》,云南大学出版社2011年版,第228页。

　　②　[马]黄进发:《马来西亚五十年:"选举型—党制国家"的打造》,载孙和声、唐南发主编:《风云五十年:马来西亚政党政治》,马来西亚永联印务2007年版,第47～48页。

成,选举委员会认为延长竞选将会导致高度紧张和动荡局面的出现,这当然有利于执政党,总理可以单独决定何时举行选举。对半岛上各州而言,联邦和各州的选举同时进行,但沙巴和沙捞越自行选择时间举行本州的选举,①不过持续的时间与半岛各州大致相当。

第三,提名方式和单一议席相对多数当选制共同促成选举型威权政治。新巫统成立后,每年召开一次全国代表大会,中央机构每三年改选一次,巫统的党内权力集中于执行机关(最高委员会),尤其是政党首脑的手中。最高委员会可以暂停党内选举长达 18个月(这项权力很快得到行使);主席批准所有参加全国大选的候选人,任命 47 名最高委员会成员中的 15 名成员以及各州的政党领袖。② 提名通常是在各划分选区的政党代表大会上产生的,由各政党的区部提议,再协商产生最后候选人,但不得违反被选举人的限制性规定。一个人可以同时被提名为联邦议会议员和州立法议会议员的候选人。选举法在 2012 年修改为:"国、州议席候选人的提议人和附议人必须是该区选选民、候选人可在提名日当天早上 10 点前撤回提名,过后则无法撤销候选人资格。此外,若候选人的提名表格没有遵守条例,或没有资格成为候选人,提名站官员有权拒收提名表格。"

有学者认为,联邦制度决定了马来西亚的直接选举分两个层次:联邦下院议员的选举和州立法议会议员的选举有所不同。一是选举规则不同。联邦下院议员的选举采用多数代表制,州议会议员的选举采用比例代表制;二是选区制不同。联邦下院议员的

---

① ［澳］约翰·芬斯顿:《东南亚政府与政治》,张锡镇等译,北京大学出版社 2007 年版,第 166 页。

② ［澳］约翰·芬斯顿:《东南亚政府与政治》,张锡镇等译,北京大学出版社 2007 年版,第 176 页。

选举实行小选区制,而州议会议员的选举实行大选区制。① 笔者并不赞同,马来西亚宪法规定,"联邦选区与州选区均按每一选区选举一名议员划分"。因此,联邦下院议员的选举和州立法议会议员的选举规则都是多数代表制,选区制都是小选区制,每个小选区按照选票最高者胜出的原则产生一个议席,即单一议席相对多数当选制(简称 FPTP)。FPTP 制下,选区的划分至关重要。

宪法规定了选区的划分方式、变更、特殊情况、分区复审、复审时限等。选举委员会应每隔几年(最少经过 8 年)对联邦及各州的选区划分进行复查,并根据需要酌情变动。如果选举委员会认为新法的颁布导致需要进行选区复查,选举委员会有权启动复查,无论距上次复查是否经过 8 年的时间;如果下议院或州立法议会的议席数目由于立法而发生变更,选举委员会必须对受到影响的区域的联邦和州的选区划分进行复查。复查应在启动之日起两年内完成。

1962 年宪法修正案要求将选区划分的建议交给总理,然后再经议会同意。这就削弱了选举委员会的职权,增加了政府在选区划分上的影响。1973 年,联盟政府再度修宪,完全废除选区大小的限制,另外 1962 年宪法修正案中州属之间公平分配议席的规定也被废除。选区划分的红线彻底被打破,2013 年大选,全国共有 222 个选区,最大选区与最小选区的选民人数比例增至 20 多倍;沙巴、沙捞越两州人口仅占总人口的 18%,但两州的选区(分配的议席数)占全国总选区的比例远大于 18%,这就是当初吸引东马加入联邦所付出的代价。

FPTP 制较"比例代表"选制,舞弊的成本与难度低得多。巫

---

①   陈元中:《东南亚政治制度》,广西师范大学出版社 2012 年版,第 164~165 页。

统不断增加马来人多数选区数,这样无论马来人占选民比例多少,也无论巫统获得的选票数占全部选票的比例,只要在各选区能获得第一名,就可夺得议席。上面提到的选区划分不均带来了选区划分不公,巫统的得席率与得票率的比率,远高于其他政党,在野党的生存空间恶化,只能通过在野党结盟以求抗争。

计票是选举过程中容易产生争议的环节,近几次选举中,非政府组织披露出广泛存在的虚假选票、可疑的邮寄选票以及其他不法行为。在 FPTP 下,如何加强计票环节的监督和提高计票的公信力恐怕是推进选举民主化的紧要环节了,这样才能保障真正代表民意的候选人不因"一票之差"而落选。

第四,选举层级不全面,监督消极。宪法的选举条款没有完全被落实,偏离立宪目的。《宪法》第 120 条规定,每个选民选出与参议院议席同样数目的候选人,参议院席位应全部由选民选出,适用于下议院和州立法议会的选举规则同样适用于上议院。而马来西亚的宪政实践并没有做到这一步,仍然受到英国贵族院的影响,民选议员在参议院只是少数。宪法的规定,我们可以理解为马来西亚独立初期,各族群对人民主权的一种理想,然而当法律与习俗较量起来,法律对习惯进行了妥协而没有把习惯击退,马来西亚在独立前已经深受宗主国的影响,且体制、政党、教育、行政并没有为宪法的新规定提供生长的沃土,所以这样的法律只能是一纸空文。

《宪法》第 118 条规定,选举地有管辖权的高等法院有权审理针对下议院和州立法议会的申诉,在上述法院作出裁决前,选举结果是有效的。只有对下议院申诉而没有反馈,且法院认为需要作出反馈时,高等法院才会予以受理。而马来西亚法院传统上倾向于保守,这在 Loh Kooi Choon v.Government of Malaysia[1997]2 MLJ 187 一案中清楚地反映出来,主审大法官发表了这样的评论:"一个涉及大政方针的问题是经过国会辩论和通过的,而非法

院来决定……法院不应当涉入政治丛林，即使是对这一有争议且受到宪法保障的公民基本权利引起的诉讼……"

　　法官如此谨小慎微地沿着立法和行政政策的方向前行，有意或无意地保护统治集团上流社会群体。[①] 鲜有法院对选举申诉立案受理，更不要说支持在野方了。选举监督本来应有强制性和非强制性两种，监督贯穿选举始末，而法院这方的强制监督相当疲软，这恐怕与立宪目的相差甚远。

　　另外，自 1971 年 7 月，中央政府宣布废止州级以下地方政府的选举。同时，联邦直辖区既没有州也没有地方选举。比如在 1974 年大选前，吉隆坡从雪兰莪州分离出来，成为联邦直辖区。这样，吉隆坡人一半(州选举)的投票权被褫夺。

　　联邦宪法第九表列明地方政府选举是州政府权限，第 113(4) 条进一步保障了州政府立法以授权选举委员会举行地方政府选举的权利。殖民地政府已经在马来亚独立前实施 6 年的县市级选举，在 1965 年因"马印对抗"被中止，1971 年联邦政府宣布取消地方政府选举，并表示将授权州政府重组地方政府。40 多年的时间里，州政府的宪法权力被联邦立法予以褫夺，反映出马来西亚的联邦制下，中央集权的加强，联邦制的"纵向分权"作用无法展现。地方政务大多无涉族群利害，与普通百姓的生活质量直接相关。民间对任命制下的地方政务的沉沦早有积怨，在野诸党若能抓住此问题，有可能赢得广泛共鸣，突破族群政治的牢笼。

(四)马来西亚选举制度的评价

　　选举制度是活起来的公民权，是公民民主权利的制度保障。

---

① ［澳］吴明安:《马来西亚司法制度》，张卫译，法律出版社 2011 年版，第 125～126 页。

马来西亚作为民族民主独立国家，选举制度在很大程度上推动了国家的民主化、法制化。

马来西亚的选举史就是一部斗争与妥协史，为对抗英国的殖民统治而生，又在马来西亚族群、宗教斗争与妥协中前行。马来人、华人、印度人的各自代言政党为赢得大选议席，妥协组成竞选联盟，由执政党联盟推举候选人与在野党的候选人展开角逐，后来，执政党又把马华印联盟扩展成为国民阵线，吸纳更多的政党加入自己的阵营，国民阵线的兼容并蓄维持了其长期的执政地位，但带来了民族主义和宗教路线对峙化。

民族主义的政党联盟兼并的过程也是政治主张妥协的过程，族群代言党在与其他族群谈判中，常常不得不采取中庸的姿态达致平衡，如此，族群特性便被削弱，族群内部的反对党便有了大选中的选民根基，只要获得过半的议席，族群性、宗教性政党便可在一夜之间掌握执政权，如 1990 年吉兰丹、1994 年与 2004 年的丁加奴，回教党完赢州政权，宗教的凝和作用被发挥到极致，传统伊斯兰教徒与自由伊斯兰教徒激烈地竞争着，打破了马来西亚传统社会的马来人与非马来人划分的民族主义旧观，宗教代言党划分出了穆斯林地盘的新格局。

当时的在野党一方面利用上述的对峙，争取着穆斯林选民，另一方面通过人民行动党争取着对马华公社不满的华人选票，更值得注意的是公正党。安瓦尔领导的公正党在组织和论述上展现的跨族群企图，意味深远，该党能否成为选举中的集大成者，跳出族群、宗教的桎梏，成为选举制度的新坐标，我们需要拭目以待。回教党、人民行动党、公正党为主的反对派不断调整方式，发起对各级议会议席的抗争，并且多次组成竞选联盟，现在形成人民联盟与国民阵线正式对峙的局面。

选举制度的发展如此曲折，法律文化是选举制度不可或缺的

基础。宪法与普通法相辅相成,构成马来西亚的成文法体系。除此之外,英国法、法院判例、伊斯兰教会法、习惯法、土著法组成多元化的法律渊源。法律文化作为公民选举权的土壤,孕育着马来西亚选举制度,规制着选举过程、选举方法,规范选民的自由投票。

选举制度改革、扩大民主是世界宪政制度的发展趋势,马来西亚也不例外。作为选举型权威国家之列的马来西亚,扩大直选、规范选举委员会、改革选制、强化监管、加强宪法条款的落实等是选举制度改革的突破口。笔者认为,在 2013 年大选中出现的两线对峙的局面将持续,彼此的角逐与自身的调整会成为常态。另外,随着世界民主化和一体化程度的提高,马来西亚的选举制度也会迈向更合理、更合适的未来。

第二节　本土色彩浓厚的行政法 ❋ ❋ ❋

一、警察的预防性措施及其法律规制

马来西亚的警察可以采取针对某些犯罪的预防性措施。也就是说,如果行为人有犯罪的嫌疑,可以先被羁押,再加以侦察,以免行为人逃脱。在刑期被确定之前,先行羁押的时间在刑期确定之后可以折抵。

自从开始实施紧急状态以来,未经审判的拘禁已经成为马来西亚法制的重要组成部分。对那些可能没有足够证据在法庭上指控的犯罪嫌疑人,譬如卷入秘密社团,警察可以用紧急状态法来拘禁他们。在 1948—1960 年的 12 年间,马来西亚政府颁布《紧急法令》使国家处于紧急状态。持续的紧急状态驱使《宪法》写进了紧

急状态权力和反对颠覆、危害公共秩序的立法权。60 年代以后，紧急状态有所减弱，《紧急法令》被废止。不过，1960 年国会通过《国内安全法》，政府不经审讯就可以逮捕或拘留政府认为违反安全法的政治犯。未经审判的拘禁在《国内安全法》（简称 ISA）找到了长期的落脚点。1969 年大选引爆了马来西亚历史上规模较大的一场族群暴动，并导致了政府的更迭。暴乱后上台的拉扎克政府宣布进入紧急状态，颁布了《紧急事务（公共秩序和预防犯罪）法规》（简称 EPOPCO）。① 该法专门规定了未经审判的拘禁，理由是"维持公共秩序、控制暴力犯罪"，只要"部长认为"某人有危害上述理由的可能，便"可以命令将其拘禁不超过 2 年的任意时间"，命令可以不断更新或延长，以致无限期拘禁。更多涉及未经审判拘禁的法律陆续出台：《危险药品法（特殊预防措施）》允许拘禁涉及药品非法交易的人；《限制居住法》限制居住于某一特定地区；《反恐法》允许警察拘禁涉嫌曾经或将来有可能损害全国或部分地区的安全的人。

先押候查打破了先侦察后审判的普通法规则，国家权力可能对宪法赋予的人权进一步挤压，不过执法机关面对复杂而严峻的社会问题捉襟见肘，两者相比较的结果是法律实用主义胜出。先押候查弥补着书本上的法律（法律条文）与行动中的法律（法律职业者的实际行动）的差距，这种差距在像马来西亚这样的法移植性国家尤为突出。

虽然马来西亚警察享有的权力很宽泛，但行政权的行使还是会受到法律的规制。警察接到报警或发现可疑情况后，要求立即展开排查工作。如果不存在犯罪，警方会终结行动；如果犯罪情况属实，可能的话，警方会对案件进行分类，区分可抓捕犯罪或不可

---

① 　米良：《东盟国家宪政制度研究》，云南大学出版社 2011 年版，第 239 页。

抓捕犯罪。类属决定了不同的处理方式:对不可抓捕犯罪,有两种行动措施可供警方选择。警方可以将原告交由治安法官处理或者在获得公诉人的命令后,警方行使专门侦查权;对可抓捕犯罪,不需要侦查命令,任何不低于警长级别或警局负责人可以接着行使全部或部分专门侦查权。在侦查中,警方的专门侦查权包括调查现场、命令与案情有关的人员到场、审讯和记录陈述、搜查和抓捕、逮捕和申请羁押命令、执行原告或证人的出庭保证书、维持调查笔录、向公诉人汇报。

警方在没有逮捕许可证的情况下,不能有不必要的拖延且应当按照保释或提前释放的规定,将被逮捕人带至或送至治安法官处。参照马来西亚《刑事诉讼法》,在没有治安法官的命令或命令期满时起,扣除必要的至治安法官的路途时间,警方不得在没有逮捕许可证的情况下不合理地羁押超过 24 小时。如果调查无法在 24 小时内完成,且有理由相信罪名或情况成立,调查的警方应立即交送治安法官一份案情记录的复印件,同时将被告人提至治安法官。上述治安法官无论有无案件审理权,可以对被告人的拘留作出如下授权,并记录理由:如果被调查的犯罪能够判处少于 14 年的监禁,经第一次申请的拘留不应当超过 4 天,经第二次申请的拘留不应当超过 3 天;如果被调查的犯罪能够判处死刑或 14 年以上的监禁,经第一次申请的拘留不应当超过 7 天,经第二次申请的拘留不应当超过 7 天。当然,上述的时间在针对某种社会问题的特别法中,可能会有所差异。

调查警方提交的案情记录复印件,应陈述申请的前被告人被拘留的时间,无论该拘留是否与申请有关,这将在治安法官作出决定时予以考虑。治安法官作出决定时,允许被告人亲自或通过选择的顾问进行表述。如果治安法官没有案件审理的管辖权,认为不必要再拘留,他可以命令将被告人带至有管辖权的治安法官;如

果案件只能由高等法院审理,带至他自己或有管辖权的治安法官
的目的是移送至高等法院审理。

另外,马来西亚还设有人身保护令制度。这是控制国家权力、
保护公民权的补救制度。根据马来西亚法律,高等法院有权在其
认为合适的以下情况指示:(1)恢复如下人的自由:任何按照1992
年《引渡法》,根据引渡授权,被拘留在马来西亚领土内监狱中的
人;或者任何人被指出其处于马来西亚领土内公共的或私人的不
合法或不合适的拘留中。(2)将根据拘押文书处于监禁中的被告,
带至法庭依法处理。人身保护令由被拘留人申请,被拘留人将被
带至法庭。如果被拘留人对高等法院的决定或指示不满意,可以
在决定或指示作出之日起 30 日内,上诉至联邦法院。不过,根据
生效的、与驱逐出境有关的法律,处于公共拘留中的人,不适用人
身保护令。

二、土地制度

独立后,马来西亚的土地制度采用的是澳大利亚的托伦斯制
度①。除沙捞越州以外,所有州出让的土地所有权均采取托伦斯
登记方式,并且明确排除英国土地法的适用。只有衡平法原则可
以适用于土地纠纷,但如果与体现托伦斯制度的《全国土地法》之

---

① 托伦斯登记制度属于不动产登记制度的一种,也称权状交付主义,特
点是初次登记不强制,但土地权利一经登记,今后土地权利发生变更都必须经
过登记。登记后颁发权利凭证,登记机关保留正本,副本作为土地权利人拥有
土地权利凭证。

立法目的和法律追求目标相冲突的,则不予适用。① 现行土地制度,加强了对马来人保留地的保护力度。马来西亚政府甚至特别设立了土地发展事务组,拨出巨款用于赎回马来人抵押给非马来人的土地。非马来人购买马来人保留地,必须获得州行政议会批准。马来人保留地只能抵押给马来西亚银行、土著银行、合众银行,经过州行政议会批准,也可将保留地抵押给其他银行。② 在这些严格措施之下,包括切蒂亚商人在内的非马来人实际所有土地递减。切蒂亚商人的作用,让马来西亚的土地政策与法律更加复杂,促进了马来人土地特权、土地发展、土地保护三方面关系的完善。

　　沙捞越的土地制度不同于马来西亚的其他州。对沙捞越内陆地区的土地,如果该土地的权属凭证依法不能授予给个人,法律允许在某些内陆特别地区的土地上设定土著人习惯法上的权利。土著人习惯法上的土地属于这样一类土地,即它们属于不授予权属凭证的土地,但普通法将其视为"土著人有权像他们的祖辈一样生活"的土地。但《土地法典》(1958 年修改)规定:"1958 年 1 月 1 日之后,在沙捞越州境内创设的任何土著人习惯法对任何土地之权利,皆不被认可。"绝大多数土著人拥有的对土地的习惯法上的权利是没有权属凭证的,占有土地的土著人仅仅是政府土地的许可使用人,并没有拥有土地,土地仍然归沙捞越州所有。土地部长可

---

① Teo Keang Sood & Khaw Lake Tee, *Land Law in malaysia : Cases and Commentary*, Butterworths, Singapore, 1995, pp.5-20;《马来西亚土地法——案例及其评述》,新加坡 1995 年第 2 版,第 5～20 页;另见 Teo Keang Sood:《1956 年民法典第 6 条之适用范围》,转引自[澳]吴明安:《马来西亚司法制度》,张卫译,法律出版社 2011 年版,第 122 页。

② 祁希元主编:《马来西亚经济贸易法律指南》,中国法制出版社 2006 年版,第 208～211 页。

能会依法发布命令取消土著人在土地上享有的这些权利,这些权利也可能因土著人的抛弃而消灭。1996 年的《土地法(修改)条例》使习惯法上土地之权利丧失的程序被书面化,不过因异议期较短、救济措施单一、土著人承担举证责任等原因,土著人常常难于维护自身的合法权利。涉及没有权利证书之土地的纠纷由土地所在地的酋长法院一审管辖。此外,土地及勘察委员会可以根据习惯法上的土地租用权获得的占有和使用的非让渡的州土地的土著人授予永久使用权。这样的权利相当于对该土地的所有权(为居住和农业之目的)。①

沙捞越的土地制度源于其独特的历史文化。沙捞越最大的族群是达雅克族,达雅克族人拥有一个自己的习惯法制度,他们一直是自己管理自己,不依靠外界的帮助。② 1842 年英国人布鲁克成为沙捞越的拉惹,布鲁克及其家族开始统治沙捞越,中间曾为英国的保护地、日本的占领地,直到 1963 年 9 月沙捞越加入马来西亚联邦,布鲁克家族退出历史舞台。布鲁克家族统治时期,适用当地百姓行之有效的习惯,保护当地传统的生活方式,采纳适合沙捞越国情的英国法原则,统治的后期引入英国成文法。土地是达雅克族人世代生存繁衍的依托,他们英勇好战,与外界来往不多。要求他们对生活的土地全部进行登记,并在发生任何迁移时向政府报告,他们从来没有这样的习惯,实在是强人所难。只有顺应当地民情的法制,才有生命力。与沙捞越相邻的沙巴州,19 世纪末就直接沦为英国人的据点,英国法律制度与当地习惯的融合更加全面,

---

① ［澳］吴明安:《马来西亚司法制度》,张卫译,法律出版社 2011 年版,第
207～210 页。

② MB Hooker, *The Personal Laws of Malaysia*, Oxford University Press,KL,1976,p.98,转引自［澳］吴明安:《马来西亚司法制度》,张卫译,法律出版社 2011 年版,第 98 页。

当地人对英国法制的接受程度更深,所以,两州在地理上虽然相邻,土地制度却大相径庭。

第三节　普通法与本土社会文化交融下的
　　　　　刑事法律　❉　❉　❉

一、刑事法律体系的内容

1871 年,由海峡殖民地立法议会以印度 1860 年《刑法典》为蓝本制定马来西亚《刑法典》。该法典于 1872 年在新加坡、纳闽、马六甲及槟榔屿开始实施,并逐步拓展适用到"马来联邦"和"马来属邦"[①],1948 年马来亚联合邦成立后,统一修正有关刑事犯罪的法律,实施于全联合邦。现行《刑法典》于 1967 年颁布,并于 1976 年 3 月 31 日实施于整个马来西亚。自《刑法典》诞生以来,已经根据刑法修正案、其他相关法律对《刑法典》修改许多次,增删大量的条款。

《刑法典》分则的排列次序体现了马来西亚主流社会的价值位阶。分则第一章就是国事罪,而侵犯人类身体与生命的犯罪和侵犯财产罪分别处于分则的第十一章与第十二章。分则部分的罪名排列通常是按照立法者的价值取向而定的,重要性依次递减,并且在马来西亚,国家利益与个人利益的地位差得很大,从第二章到第十章又排列了大量罪名,都是与"公权力"有关的,甚至包括藐视公

---

①　马来联邦包括马来半岛中部的 4 个州,即彭亨州、雪兰莪、霹雳、森美兰州。马来属邦包括马来半岛北部 4 邦,即吉打、吉兰丹、玻璃市、丁加奴,以及马来半岛南部的柔佛州,总共 5 个邦。

职人员合法权力罪、与货币及政府票证相关的犯罪、影响礼仪与道德的犯罪、与宗教相关的犯罪等。我们可以理解为立法者将上述利益看得更重，较之个人利益，而选举产生的立法者，代表着自身归属群体的价值取向，各群体利益协调的最终结果就是今天的《刑法典》分则面貌。

马来西亚《刑法典》的法律条文很有讲究。复杂罪名的法律规则经常由 2 个法律条文来表述，前 1 条是行为模式，后 1 条是法律后果。在前 1 条之后，还附有许多案例，对前 1 条作出的概括性规定加以解释。除了案例，往往还有解释，对司法中可能会遇到的疑难点说明清楚。制定法与判例共同被写入如此重要的一部法，互为补充，其立法技术已经相当成熟。为了规范刑事诉讼，1927 年《刑事诉讼法》首先被引入马来联邦，直到 1976 年 1 月 10 日，《刑事诉讼法》才适用于整个马来西亚。《刑事诉讼法》对刑事诉讼中关于违法行为的审判与调查作出了一般性规定。不过，根据一般法不得减损特别法的原则：

> 《刑事诉讼法》第 3 条规定：对《刑法典》规定的所有违法行为进行的调查和审判适用本法，其他任何法律规定的所有违法行为适用相同的条款，但如果正在生效的其他书面法律对调查和审判的方式或地点有特殊规定的，适用该法。

特别法的适用范围被限定在"调查和审判的方式或地点"，不包括追诉。根据《刑事诉讼法》，对所有刑事案件的追诉和诉讼程序，由公诉人控制和自由裁量。如果《刑事诉讼法》或其他生效法律都没有规定或存在问题的，可以参照在英格兰生效的相关刑事诉讼法律规定，只要该规定不与马来西亚《刑事诉讼法》矛盾、不符，就可以补充适用。

马来西亚《刑事诉讼法》把罪名分为可抓捕的罪名和不可抓捕的罪名，前一种情况下警察无须出示逮捕证即可实施抓捕，后一种

情况则相反。《刑事诉讼法》又把罪名分为逮捕证罪名和传票罪名,前类罪名下的罪犯可能被判处死刑或者 6 个月以上的监禁,上述之外的罪犯都属于后类罪名。另外,还有两种分类:可保释的罪名和不可保释的罪名;可混合的罪名和不可混合的罪名。刑法分则的罪名对上面多种分类的归属情况,由《刑事诉讼法》附表一明确规定,不同类属在程序适用等方面存在差异。比如,对不可抓捕的罪名,个人可以在治安法庭,亲自或委托律师出席并起诉任何针对自己人身或财产的犯罪。对不可抓捕的罪名,在没有公诉人或者副公诉人命令的情况下,警察不能行使任何特殊调查权。个人认为某人的行为触犯不可保释且可抓捕的罪名,个人可以对某人予以抓捕,并立即移交给附近的警察,如果没有警察,应移交至附近的警察局等。

马来西亚没有事先制定各类程序的适用对象和适用标准,再把罪名与之对照,而是在具体罪名上详尽列举其所适用的各类程序。这是从个案出发,具体规则累积即法的体现。刑事程序上按照罪名分门别类,符合马来西亚法律职业人的法学思维习惯,因为他们接受的大多是英国法教育,理解和运用起来顺理成章,因而延续至今。

无论是《刑法典》,还是《刑事诉讼法》,都有两个通性:一是首先界定清楚法典中出现的概念和表述,没有界定的,应当根据该法典(刑事诉讼方面还包括 1967 年《警察法》)赋予它们的含义加以理解;二是附表对法典意义重要,它们与正文之间经常相互参照,不可分割。

《刑法典》和《刑事诉讼法》构建了刑事法律制度的基本框架,此外,单行刑法、非刑事法律中的附属刑法规范、地方刑法和宗教刑法、英国普通法和衡平法、判例、习惯法、国际刑法规则等加以补充、完善,这样,马来西亚刑法制度就有血有肉、充满活力了。

二、刑事犯罪的罪、责、刑

（一）犯罪的内涵与要素

根据马来西亚《刑法典》，犯罪指"依照本法典应受惩罚的行为"。解析犯罪的概念，在马来西亚，一个行为须要满足两点才是犯罪：一是刑事违法性，二是应受惩罚性，这里并没有明确规定社会危害性。然而观察《刑法典》分则的法条，基本上所有罪名要么有现实的社会危害，要么尚未发生但有发生危害可能的危险，社会危害作为犯罪的本质特征似乎还是存在，那么，立法为什么对犯罪定义模糊处理呢？原因可能有三：社会危害要达到怎样程度才达到犯罪标准，恐怕难以界定；危害因被害人个体差异可能会有明显区别；[1]为将来的刑事立法留下空间，维护国家利益必要时可以不考虑行为的社会危害。

因袭英国犯罪理论，马来西亚的犯罪构成要素有客观要素和主观要素。客观要素包括行为、不作为、因果关系、严格责任，主观要素包括故意、轻率、疏忽、犯意转移。在英美法系，犯罪通常须要主客观要素相对应才能构成，但是对一些轻罪法条没有明确规定主观要素，法官可以通过条文识别适用严格责任。这里有个主观要素（轻率）值得一提，即如果行为人不合法地承担了普通人在相同情况下应当避免的风险，那么主观上就是一种轻率。这与大陆法系的过于自信过失有些类似，过于自信过失指行为人已经预见到自己的行为可能发生危害社会的结果，但是轻信能够避免，以致

---

①　袁益波：《英国刑法的犯罪论纲》，知识产权出版社 2007 年版，第 32～
33 页。

发生危害结果。轻率和过于自信过失都要求预见到风险(可能的危害结果),不过"不合法地承担应当避免的风险"比"轻信能够避免"包含的范围更广,马来西亚法官对定罪的自由裁量权很大可见一斑。

马来西亚实体法中的犯罪否定要素分为两类:正当性辩护和可宽恕辩护。正当性辩护包括个人防卫、必然行为;可宽恕辩护包括胁迫、麻醉、错误、精神病、强迫、未成年。本书将摘取其中很有意思的规定,探究这些规定与多元社会文化是否也有千丝万缕的联系。

在马来西亚,财产权神圣不可侵犯。个人防卫的对象甚至扩大到财产。

马来西亚《刑法典》对下列损害财产的犯罪可以个人防卫,甚至致加害人死亡,包括:抢劫,夜间侵入住宅,对为居住或保存财产使用的房屋、帐篷或船只放火烧毁的,但对盗窃、损毁、非法侵入住宅只有在不行使个人防卫权将导致受害人死亡或严重伤害的情况下,才允许故意致人死亡的个人防卫。

上面的这些罪行不仅侵犯了财产权,大部分也损害或危及人身权,双重法益受损,社会危害性较大,应发动社会成员的力量予以围剿,至于少数只损害财产权的罪行,大抵是基督教、伊斯兰教、佛教、印度教、土著信仰与习俗皆深恶痛绝的,为马来西亚全社会所不齿的。

马来西亚《刑事诉讼法》将对财产的保护开拓至更大的范围,只要有人实施了损害财产的犯罪,无论是财产所有人、使用人,还是上述两种人的雇工、被授权的人,甚至是帮助者,在财产加害人姓名与地址不明的情况下,都可以拘留财产加害人,直到财产加害人说出正确的姓名与地址或移送其至警察的控制中。对被声称或有可能属于偷盗的财产的,或者该财产有可能与某犯罪相关的,任

何警察都可以控制该财产,并立刻向警局汇报。

上述规定对财产的保护,不仅在损害行为发生时,还延伸到损害发生后,任何侵害他人财产的行为,都会受到全社会的围剿。不过,这存在一定风险,即会不会因此损害嫌疑人的正当权益,马来西亚对不当拘留他人的人,无论是公民还是警察,都要承担相应责任。上述的规定是赋予人们权利以保护财产,但怎样行使由个人判断,法律规范之间彼此承接,这样,财产神圣不可侵犯才不是纸上谈兵,正如西方学者布莱克斯通认为,财产与生命、自由一样属于绝对权利的范畴。[①]

财产被保护的层级与人身等同,是有历史渊源的。马来西亚刑法体制由英国人创设,英国人信奉的基督教认为"人类的所有财产是属于上帝的,人是对上帝负责的管家",因此财产权概念被注入了神圣的因子,私人财产神圣不容侵犯。财产权神圣化也符合英国法移植到马来西亚时的客观需要,当时海峡殖民地作为海上贸易重要枢纽,内陆各邦作为原材料来源地,经济繁荣稳定是殖民当局最关切的利益,在殖民地法律中对财产特别保护是殖民当局意志的集中体现,当然这样的法律也满足了当地苏丹既有利益的维护,自然受到他们的欢迎,长期沿袭下来,也就成为司法惯例,直到马来西亚独立后,都一直被继承着。

马来西亚诉讼中的犯罪否定要素有很多,例如前经宣告无罪和前经定罪(一罪不二罚)。公诉人可以对被告人提出证据所能支持的尽可能多的指控。前经宣告无罪和前经定罪的原则始终应被遵守,即被告人不应因为相同的行为或疏忽两次或以上被陷于被判有罪的危险中。如果公诉人对前判决不满意,他只能上诉,被告

---

① 王铁雄:《布莱克斯通与美国财产法的个人绝对财产权观》,载《河北法学》2008 年第 10 期。

人不会因为同一罪行受到两次以上的指控或审判。该犯罪否定要素不适用于如下情形：某人的一行为多年前被宣告无罪，现在又因类似的针对不同对象的行为被指控；没有经过审判的情况下，对某人作出限制或拘留的命令，接着因为作出上述命令的事由被指控；撤销指控后，依据相同的事实，又新发起或接着指控。

（二）刑事责任

刑事责任指犯罪人因实施犯罪行为而应当承担的国家的否定评价和谴责。行为人通常要承担与犯罪相应的刑事责任，但如果存在法定免责事由，行为人就不用承担刑事责任了。

根据马来西亚《刑法典》，以下为完全免责事由：受法律约束或事实上误以为受法律约束、司法活动中的法官、依照法庭判决或指示、依法或善意误以为依法、意外事件、避险行为、不满10周岁的儿童、10周岁以上不满12周岁超出其理解范围、精神病人、为对方的利益善意实施、善意通知、受威胁被迫实施、导致轻微伤行为。醉酒为部分免责事由，只在被恶意或被他人疏忽大意的方式造成醉酒且未经本人认同、因醉酒而精神失常时，才能免责，其余情况下，醉酒也要承担相应刑责。

除此之外，被害人同意也是免责事由，马来西亚《刑法典》第87条至第92条陈述了被害人（或其监护人）同意免责的各种情形：不希望也不知道可能导致死亡或严重损害、为对方利益且不希望导致死亡、为儿童或精神病人的利益。但上述同意免责不适用于无论他人是否同意均独立构成犯罪的行为，这些犯罪的成立与受害人（或其监护人）是否同意无关。

法律离不开孕育它的社会文化。马来西亚人认为"同意非所谓伤害"，即一旦经过同意，人就不会受到损害，没有人会同意有损于自身利益的事情。一个18岁以上的、精神健全的人，作出的同意就是有效的,哪怕是伤害自己的行为。这里的"同意"与"伤害"
要做扩大解释,同意还包括默许,伤害也包括冒被伤害的较大风
险。由于受到西方殖民者的长期影响,马来西亚社会遵从契约社
会的法则,法律体系也属于英美法系,法官是消极中立的角色,既
然当事人之间已经达成合意,法官就不会再干涉,一个行为如果已
经得到当事人的宽恕,国家也会尊重当事人的意思自治,国家再加
以否定就没有意义了,这种国家与公民之间的默契维持着社会的
稳定和谐。当然,如果同意是在害怕被伤害、对事实存在错误认
识、醉酒时作出的,就无法免责。这些合意存在瑕疵,与社会的正
义直觉并不相符,故不被法律保护。不仅如此,同意免责的适用对
行为人的意图也有限制,如果行为人意欲造成他人死亡或严重伤
害,无论被害人是否同意,皆不能免责。根据马来西亚刑法理论,
意图才是决定一个行为能否因同意而免责的依据。虽然,用意图
来定罪的审理模式源自西方殖民者,并通过法律、判例确认及延
续,但这也与东方社会提倡的善意、助人等良好道德相符。根据法
社会学的效力理论,与民众一般价值观、规范适用对象隶属群体的
价值观一致是法的有效性的前提。西方的刑事法律规则在东方的
法律观念的接受下实现成功移植。

　　马来西亚还有关于可和解犯罪的规定。可和解犯罪中享有和
解权的一方可以提出和解。经过和解的犯罪,会产生被告人无罪
的效果。如果某犯罪可以和解,该犯罪的教唆、帮助行为或者实施
该犯罪的意图(当意图本身也是一种犯罪时),可以相似的方式和
解。刑事和解制度在马来西亚的适用,分为两类:第一类,用语言
等故意伤害他人宗教信仰、故意伤害、受挑衅后故意致人伤害、非
法限制、非法拘禁、除严重挑衅引起之外的刑事暴力或刑事暴力威
胁、强迫劳动、故意毁坏财产、非法侵入、非法侵入住宅、违反对无
行为能力者提供照顾或供养的契约、出于犯罪目的引诱或拐带或

扣留已婚妇女、诽谤、印刷或雕刻明知是诽谤的物品、出售包含诽谤内容的印刷品或雕刻物、为扰乱公共秩序而故意侮辱;第二类,故意致人重伤、受挑衅后故意致人重伤、忽视他人生命安全致伤、忽视他人生命安全致重伤。对第一类罪行,如果没有发起诉讼,法定人可以予以和解;如果已经发起诉讼,法定人经主审法庭同意可以予以和解。对第二类罪行,受害人经主审法庭同意可以予以和解。

刑事和解制度意在防止公权力对私权利的过度干涉。一些纠纷由当事人之间自由协商,能够很好地得到处理,不涉及第三人,不需要公权力介入。对社会影响轻微的案件,有和解权的人如果愿意可以直接终结诉讼,只有在惊动公权力的情况下,才需要公权力的许可,只有社会影响略大的案件,公权力的同意才是必备的。马来西亚的刑事和解制度实现了法律资源配置最大化,私力救济一定范围内能够妥善保护法益,这时候,公力救济的保留才是明智之举。

刑事和解制度体现了国家对私力救济的一定范围内的包容。这样的做法旨在动员一切力量,打击长期存在着街头犯罪高发、毒品活动猖獗、弱势者边缘化、贫富差距拉大等社会问题。长期以来,国家与政府采取的应对措施面对日益严重的犯罪问题已经相形见绌。当国家权力无法或不能及时救济时,马来西亚赋予公民在一定范围内有权采取私力救济,产生的后果也能为刑事法律所允许。

(三)刑罚

马来西亚刑罚的正当理由遵循折中主义,判处刑罚的基本理由是功利主义;道德过错通常不会受到刑事惩罚,除非惩罚对社会是有用的,并且可能被刑法所包含;在适用刑罚时,更多地强调报应主义。刑罚种类包括死刑、自由刑、财产刑、资格刑。马来西亚司法机关在量刑时基本上遵循罪刑相当原则、刑罚均衡原则、刑罚个别化原则，执行刑罚的准则也是教育性、社会化、人道主义。

以乱伦罪为例，马来西亚在 2001 年刑法典修正案中加入了乱伦罪，规定"一个人与根据法律、宗教、习惯或者风俗规定不能产生婚姻关系的人发生性关系，即构成乱伦"。道德失范的乱伦行为，近年来愈发猖獗，严重破坏了人类传统价值观念，对现有家庭关系产生巨大冲击，其社会危害性已经相当严重。所以，《刑法典》将其置于"侵犯人类身体与生命的犯罪"的章节之下，对触犯者予以重罚，承受漫长的监禁并施以鞭刑。乱伦者确实是罪有应得，但对鞭刑的人道与否，一直存有争议。在马来西亚，对严重违反宗教礼仪、社会风化的重罪，通常单处或并处鞭刑，罪行越重，鞭打的次数越多。这是肉刑的残留，以损害行为人身体惩罚犯罪，在现代社会，也只有少数的国家还予以保留。然而，笔者更愿意把鞭刑看作报应主义的体现，而不是反人道的固执。被鞭打者承受的皮肉之苦是最有效的教育，使他不敢再犯类似的罪；另外，鞭刑的肉体损害是可以恢复的，给予被鞭打者改过自新的机会，这不就是教育的意义吗？

秉持刑罚理由的功利主义与报应主义，马来西亚没有明确规定时效。在马来西亚，一个人实施犯罪后，经过了 5 年、10 年或者 20 年，公诉人还可以追诉他吗？回答是肯定的，法律格言有云"时间不会违抗国王"，意思是对于政府（追诉刑事案件），不会有时间的限制。无论罪行实施了多久，行为人仍然要在法庭接受审判，并按照法律的规定承担刑罚。只有行为人死亡，才能使其免受追诉与审判，不仅如此，行为人的家人以及行为人留下的遗产在行为人死后，都免于追诉，这一点与马来西亚的民法不太相同，民事案件有时会针对死者或其近亲属的财产。

一般来说,犯罪行为的社会危害性会随着时间渐渐减小,但在马来西亚并不会被法律所宽容,承担的刑事责任不会被减免。这体现了马来西亚对犯罪的高压政策,任何想通过逃逸而免责的意图,是无法得逞的。在东方文化中,一个人对自己的行为负责是公正的,如果同罪不同果,就与东方社会的价值判断相左,偏离法律的标准,也就是不公平不正直。这一点上,马来西亚刑法的严厉性也符合东方社会严刑峻法的法律传统,真正是"一失足成千古恨",以上观点体现的正是刑罚的报应主义。事实上,犯罪很多年后,再被追诉的案件少之又少,由于大量纷至沓来的案件,司法效率十分重要。案件发生后一段时间,重案时间较长,简易案件时间较短,如果不行使追诉权,追诉权就会消灭,成为司法惯例。马来西亚之所以没有明文规定诉讼时效,可能基于充分发挥法律震慑作用的考量,既然这样的规定有利于威慑犯罪,就利大于弊。

三、上诉制度

根据学者对英美法系上诉制度的历史性考察,这一制度的初衷是纠正法官的错误而非为当事人提供救济。时至今日,马来西亚仍然对当事人提起的上诉持消极态度:既没有按照诉讼数额和案件性质批准上诉的规定,在受理上诉时也主要由法院裁量。不仅如此,当事人必须根据事实和判例提出客观的上诉请求,如果当事人回避了对自己不利的判例,法院有权不受理该上诉。

马来西亚的刑事上诉事由分为两种:事实认定错误、法律适用错误。对因事实问题提起的上诉,在1995年陪审团制度废除前,凡涉及判处死刑的案件,由陪审团认定案件事实,法官适用法律。当这样的案件被上诉,上诉法院通常不会干涉陪审团认定的案件事实,实际上也很难证实陪审团的裁决是否错误,因为陪审团在作出裁决时,不要求说明裁决理由。对独任法官或者治安法官审理的案件,上诉法院通常会对他们作出判决的事实问题进行干涉,这就使得上级法院认定下级法院,对某一特定案件作出判决的理由是错误的成为可能。对因法律问题提起的上诉,上诉法院可以根据判决书中的判决理由,衡量下级法院的判决是否存在错误。在认定有罪的上诉获得成功后,下级法院的判决和处以的量刑将被驳回,上诉法院将作出无罪判决或者处以新的刑罚。如果上诉人只对量刑提起上诉,且上诉获得成功,上诉法院将驳回原来的量刑,同时对上诉人判处它认为恰当的刑罚,上诉法院的量刑既可能重于也可能轻于原审量刑。这一点与许多国家"上诉不加刑"原则迥异,对由被告人提起的上诉,在马来西亚存在加重处罚的风险,这样被告人是不是就不敢上诉了? 的确会有这样的效果,不过立法的目的应该不是恐吓,而是警醒。这样的规定与马来西亚审限制度密切相关。根据马来西亚的法院系统设置,可以推断出刑事案件应当是三审终审的,同时,马来西亚的法官数目占人口总数的比率很低,面对大量的案件,如果被告人一再上诉,会将当事人和司法人员拖入旷日持久的诉讼,所以有必要在上诉前让上诉人明白可能付出的代价。并非上诉人的上诉申请一定能够启动上诉程序,例如下一级法院上诉到高等法院,并经高等法院作出判决的案件,要想再上诉到联邦法院,则必须取得高等法院承审法官的有关证明或检察官的证书,说明该案所涉及的法律问题宜由联邦法院作出判决以符合公共利益。马来西亚上诉制度以追求正义为最高价值,上诉可以不受审限的限制,但由于客观条件的制约,不得不付出公民的少许自由、民主代价,私权利对公权力做出让步。

第四节　多元民事法律向二元民事法律的转变 ✳ ✳ ✳

虽然马来西亚迄今尚未有统一的民法典，但在 1956 年，马来亚曾经颁布过《民法典》，并在整个马来半岛生效。这部法律于 1972 年被修订，该法树立了英国法在马来亚民法领域的权威。根据该法，法院将在西马来西亚及其所属任何地方适用截至 1956 年 4 月 7 日在英国有效适用的普通法和衡平法原则。沙巴州和沙捞越州适用的英国法除了"英国普通法和衡平法原则"外，还同时适用英国普遍适用的成文法。沙巴州适用的英国成文法为"截至 1951 年 12 月 1 日在英国行之有效的普遍适用的成文法"。沙捞越州适用的英国成文法为"截至 1949 年 12 月 12 日在英国行之有效的普遍适用的成文法"①。

独立后，马来西亚没有颁布《民法典》，笔者推测其原因有：独立前在民事领域属人法的广泛适用，同案不同判的案例大量存在，其影响需要一段时间才会渐渐减弱；独立后，多元社会文化带来的民事习惯法的差异在短时间内不可能消除，不宜作全面、统一的规定。

民事法院以前按照华人或印度人的习惯法处理他们的家事纠纷。1976 年《法律改革法（结婚与离婚）》出台后，非穆斯林的结婚、离婚事宜更有了统一的规范。上文提到的华人和印度人习惯法中的一夫多妻制被废除。该法第 5 条规定："自本法实施后，每

---

①　［澳］吴明安：《马来西亚司法制度》，张卫译，法律出版社 2011 年版，第 113～114 页。

个按照任何法律、宗教、风俗、惯例结婚的人,不能够按照任何法律、宗教、风俗、惯例再和其他人缔结有效的婚姻,女方将无权继承死亡男方的遗产。违反本法第 5 条,意味着已经实施重婚的犯罪行为。"①

民法领域由多元慢慢向二元转变。这个过程很缓慢,在马来西亚独立接近 20 年后才在立法上统一非穆斯林的结婚、离婚习俗。现在距离 1976 年,又过去 40 多年的时间。当下,中国人和印度人的传统结婚、离婚习俗在现实中已经趋于消亡。在民法领域,符合马来西亚当地具体情况的英国法原则正在成为非马来人的新属人法。

马来西亚民法领域长期存在着伊斯兰民事法和普通民事法两套并行的民事法规。如果双方当事人都是穆斯林,争议法律关系是婚姻家庭生活、财产划分、继承、宗教等,则适用伊斯兰民事法,并按照伊斯兰法院体系的诉讼程序进行处理。除此之外的民事纠纷,则适用普通法,由民事法院审理。

伊斯兰民事法和普通民事法的差异很大,类似案件常有不同审理结果,甚至截然相反的结果。以结婚与离婚问题为例,伊斯兰法中父母离婚时对孩子抚养问题,维护伊斯兰法禁忌会成为裁决的重要依据。伊斯兰法院有这样的案例:被授予孩子监护权的母亲与一名男子再婚,而这名男子与孩子之间不在伊斯兰法禁止结婚的范围,则该母亲将失去孩子的监护权。② 对比普通民事法院,这样的案件往往尊重子女的意愿且从有利于孩子成长的角度予以考虑。

---

① Sharifah Suhanah Syed Ahmad, *Malaysia Legal System*, LexisNexis, Malaysia, 2007, pp.46-50.

② Ed. Goran Collste, *Religious and Ethnic Pluralism in Malaysia*, Linkoping University Electronic Press, Sweden, 2006, p.47.

二元的民事法律对公民的法律水平提出了更高的要求。非马来人要对普通民事法有常识性了解,马来人要对伊斯兰民事法有常识性了解,这样才能依据预估的法律后果来指导行为。另外,非马来人对伊斯兰民事法、马来人对普通民事法也要能够包容与理解,否则容易产生社会认知的混乱。

第五节　兼顾族群、融合多元文化的司法体制 ✳ ✳ ✳

由于长期被英国殖民统治,现有司法体制,很大程度上沿袭英国,但是具体规定还是根据马来西亚地区特殊的民族成分和文化特色做出了相应的更改。

一、适用于马来西亚所有族群的法院体系

东马和西马的普通法院体系略有不同。西马包括彭湖鲁法庭、治安法院(及未成年人法院)、中级法院、高等法院、上诉法院、联邦法院;东马则没有彭湖鲁法庭,包括治安法院(及未成年人法院)、中级法院、沙巴和沙捞越高等法院、上诉法院、联邦法院。在上述的普通法院体系外,还有伊斯兰法院,东马还有土著法院,以及处理特定事宜的特殊法庭。普通法院体系属于联邦法院体系,伊斯兰法院和土著法院则属于州法院体系。

在马来半岛的法院层级中,最低级别的是彭湖鲁法庭。彭湖鲁(penghulu)是马来语,译为头人、村长的意思。彭湖鲁法庭由Mukim(州下面的一个行政区)任命的村长或头人主持工作。彭湖鲁法庭只用于解决村民间的轻微纠纷,适用的程序也没有其他

法院正规。根据《下级法院法》,彭湖鲁法庭有权审理标的不超过
50 林吉特的民事案件和罚金不超过 25 林吉特的刑事案件。就这
类刑事案件而言,被告人可以选择由治安法院审理自己的案件,彭
湖鲁必须在开庭之前告知被告人有这样的选择权。对彭湖鲁法庭
判决,可以上诉至一级治安法官手中。彭湖鲁法庭判决的强制执
行,由治安法院来实施。

彭湖鲁法庭依据马来传统社会的基本组织形式——甘榜(马
来文 kampung,指村社)而建立。古代马来人以甘榜为单位聚居
在一起,甘榜的位置和大小则由自然因素决定:地形地貌、土地肥
沃程度、与海洋和河流的距离等。甘榜对于马来人的意义不只是
居住地或者构成"村"的社区那么简单。雷蒙德·弗斯说,乡村的
马来人是小聚居而不是独立居住。一个甘榜通常不是一个行政或
宗教单位,而是一个有某种程度的团结与邻居般亲切之感的社会
单位。古克力在《西马来亚的本土政治制度》中指出,甘榜是一个
政治控制单位,是马来亚政治体系中最小的政治单位。传统的马
来人社会组织带有封建制的色彩,贵族和平民之间界限分明。每
个马来村社都有一位主事的村长(penghulu),依照传统习俗来照
料和管理整个村子的各项事务。村长是由村中的长者们推选产生
的。村长和村中长者一起来决定村中的重要事务。村中另外的领
导层则包括清真寺的阿訇(imam)和教司(lebai)。马来人以农为
主,居住乡村。在传统马来社会中,除了与农业和渔业有关的技
能,其他的技能只存在于某些特定场所,主要是统治阶层所在行政
中心的活动。在一些偏远的地区,由于生产力的低下,职业分工和
物质交换活动都不明显,完全是一种自给自足的自然经济。这在

很大程度上造成了传统马来社会不是一种竞争社会而是一种合作社会。① 我们可以看到彭湖鲁法庭是马来西亚本土化的基层司法制度,符合西马的法律传统,司法效率高而成本低。彭湖鲁法庭位于马来西亚法院体系的最底层,法院体系的上层是源自西方的,为什么会这样组合呢？因为重要复杂的案件要求法官有更专业的法学知识和能力,光依靠权威和习俗的村长办案模式已经相形见绌,只有职业法律人可以担此使命。

实践中,几乎不存在头人法院开庭审理案件的情形,所以事实就是治安法院是最低级别的一审案件管辖法院。马来西亚的所有城镇都设有治安法院,其优点是就近设立、方便群众诉讼。治安法院有时还会在辖区内巡回开庭,该法院审理轻微刑事案件。治安法官有两个级别:一级治安法官和二级治安法官。二级治安法官担任较次要的审判工作,相对而言,一级治安法官是合格的法律职业人士,享有更广泛的刑事案件管辖权和自由裁量权。

《下级法院法》《法院法》《刑事诉讼法》授予治安法院普通管辖权的同时,也规定了特别管辖。在 1995 年以前,治安法院享有对须在高等法院一审的案件进行预审的权力,以确认是否有足够的证据将案件交由高等法院审理。预审作为程序性司法审查制度在马来西亚 1995 年《刑事诉讼法》修改时被取消,当今主要法治国家的刑事诉讼法均规定了较为完善的预审程序,为什么马来西亚反其道而行呢？笔者推断可能有两个方面的原因:从外部环境看,进入 20 世纪 90 年代以后,马来西亚政治稳定,经济持续高速发展,马来西亚政府在多种场合旗帜鲜明地维护本国的利益,主张建立合理的国际政治经济新秩序,相应的,在法律领域,去殖民化、建立

---

① Shaari Isa, *Budaya X Budaya Y*, Aspirasi Warna Communications, Selangor, Malaysia, 2010, pp.20-22.

符合马来西亚国情的法律制度的呼声高涨;从法院内部看,原有的预审程序使案件审理更加复杂,治安法官对证据客观性、关联性、合法性的认定能力,受到自身法律水平的制约,预审无法达到预期效果。所以,作为特别管辖的预审程序的废除,并没有引起社会的非议,马来西亚司法制度在改革的道路上迈出重要一步。治安法院享有的另一个特殊管辖权体现在治安法官的验尸官角色。当有信息显示某人的死亡在暴力、可疑、奇怪、非自然、无法解释的情况下发生时,地区警长将赴现场调查并制作报告,此报告会被呈送至治安法官,如果治安法官对死因满意,他再将死因情况向公诉人汇报;如果治安法官对死因不满意,他有权对自杀、在警察拘留期间的人死亡、在精神病院治疗中的病人死亡、在监狱服刑期间人的死亡等的死因予以调查。治安法官在该角色中具有了侦察职能,带有行政色彩,这与我国警察的治安管理角色有些类似,不过在治安法官决定调查的案件中,公诉人仍然有权支配治安法官的死因调查程序,或者由高等法院修正上述治安法官的裁定和意见。

马来西亚的下级法院系统还包括中级法院(旧称地区法院)。与治安法院一样,中级法院也属于享有普遍管辖权的法院,受理案件的社会危害程度大于治安法院,可以审理除适用死刑之外的所有刑事案件,可以适用除死刑之外的一切刑种,包括终身监禁刑。严格来说,中级法院并不是治安法院的上级法院,检察机关或自诉人的起诉多了一个选择。此外,中级法院还承担监督治安法院和头人法院的工作。中级法院法官无权对上述两个法院的判决予以变更,他如果认为判决不合法或不恰当或程序不规范,他应将案卷连同自己对案件的评语移送高等法院,由高等法院作出相应的命令。

根据联邦宪法,马来西亚设有两个管辖权和地位并列的高等法院,即马来亚高等法院、沙巴和沙捞越高等法院。对刑事案件,

高等法院享有一审、上诉审、审判监督的管辖权,由于法律没有规定上限,可以认为高等法院对刑事案件拥有"无限"的管辖权,它有权审理任何刑事案件。在《法院法》第 22 条第 1 款 b 项的"一揽子"条款中,高等法院的"无限"管辖权登峰造极,根据该条,马来西亚公民或永久居民在马来西亚境外实施的任何成文法规定的犯罪,且联邦总检察长认定该行为影响到联邦的安全。马来西亚域外管辖过于宽泛,没有考虑行为地法和本国法法定最低刑,国家的立法以维护主权为核心,法制的科学性、系统性可以作出妥协。

高等法院审理案件通常采用独任制,由一名法官担任审判和裁决,法律另有规定的除外。现实中,其他制定法作出的除外规定鲜有还在施行的,对独任审判的制衡主要通过检察官,非经检察官的同意并提起公诉的刑事案件,高等法院不得启动程序,否则会影响审判活动的效力。在奥斯丁的概念中,主权将立法和行政功能委托给了许多机构,包括明显地委托给司法。法官在案件审理中负责适用法律解决争议,国家主权被委托给检察官行使,如果检察官给予否定判断,法律将无法发挥其作用,半奥斯丁式的主权国家特征再次彰显。同时,独任制审判加重了高等法院法官的责任,即法官应当慎重行使半奥斯丁式的主权国家赋予的权力,并且错误裁判的惩罚性后果也是无法推诿的,从某种程度上,督促了国家司法从业者的专业能力提升。

1994 年 6 月,马来西亚创设了上诉法院,作为介于高等法院和联邦法院之间的,专门审理上诉案件的法院,这给当事人多提供了一个上诉的平台,恢复了三审终审制,这一制度在废止马来西亚案件上诉到英国枢密院之前一直存在。根据《法院法》,上诉法院审理案件采取合议制,由 3 名或更多的单数法官组成合议庭,通常院长也要参与审理,法院判决以合议庭多数人意见为准。上诉法院用专业的团队、科学的程序有效地应对上诉案件数量激增与复杂度加大的双重挑战，初步建立了独立、系统的法院体系，体现了民族独立国家在刑事司法方面的去殖民化趋势。

创设上诉法院的同时，马来西亚联邦法院取代昔日的最高法院，成为马来西亚最高级别的法院。联邦法院是联邦制的代表，拥有最高与最广的权威，它的管辖权涉及：一审案件、上诉案件、下级法院在审判过程中遇到的宪法性问题、最高元首的咨询事宜。联邦法院行使最高元首的咨询事宜管辖权的经典案例是"马来西亚政府 v.吉兰丹州政府[1968]1MLJ129"。经最高元首的咨询，联邦法院认定"由矿业公司预支给州政府的特许使用费，构成税收，不是借贷"，但此观点在 1971 年的宪法修正案中被颠覆。上述最后一种管辖对象很特别，在普通法传统国家，法院一般不会充当咨询者。在马来西亚，根据《联邦宪法》第 130 条，联邦法院得就最高元首向其提出的任何宪法疑问（已经出现或者可能出现的）作出司法意见。此种司法意见的案由涉及民事、刑事、行政、经济等类型，联邦法院的权威解释有助于打消公众对政治问题的合法性质疑，政治决策从而获得法律的支持，但与此同时，联邦法院的中立性将如何保证呢？联邦法院的最高元首咨询事宜管辖权，同样印证了笔者的马来西亚是半奥斯丁式的主权国家的推断，不仅主权不受法律的限制，法律还要反过来为主权服务。

马来西亚实行当事人主义诉讼，公诉人与被告人在法庭上诉讼地位平等。检察官作为公诉人在法庭上只能以自己提出的确实证据和理由驳倒被告人，以使法庭作出不利于被告人的判决。

马来西亚的审判差不多都是公开的。举证责任通常由原告负担，只有在少数情形，法律推定免除控诉者的举证责任。宣判应公开，并附以理由。宣判理由（不包括法官意见）是判例的核心，上级法院在宣判理由中体现的法律推理过程对下级法院具有约束力，成为被遵循的先例。法官在判断判例能否适用于自己手中的案件

事实时,采用类似案件类推的方式,这里面法官具有某种程度的自由裁量权。如果法官不是特别喜欢某一判例,他或她可能就会找出该判例的不同之处,进而避免适用之;如果法官信服这一判例,他或她就会对判例作广义的解释,以适用于手中的案件。刑事案件科处的刑期以相对确定刑期为主,只有少数几个绝对确定刑期。

二、伊斯兰法和伊斯兰法院

在马来西亚,伊斯兰法不是外国法,而是地方法。作为本土法,理应引起马来西亚法庭的司法关注。对法庭来说,允许对哪种法律是地方法进行质证,并不合适。尽管现实中伊斯兰法的作用受到极大的限制,法庭也应当考虑伊斯兰法的存在。对伊斯兰法问题,州立法机构有管辖权,而不是联邦立法机构。根据联邦宪法,州立法机构的立法权限被表述为"伊斯兰法、伊斯兰教信徒的个人与家庭法",包括继承、订婚、结婚、离婚、赡养、收养、监护、信托、宗教税收、清真寺等。对犯罪问题,联邦宪法赋予州立法机构有限的立法权,即在排除联邦立法事项的基础上,创立、惩罚伊斯兰教信徒违反宗教戒律的罪行。因此,伊斯兰刑法在某种程度上得以实施。同时,州立法机构对伊斯兰法庭的设立、组织、程序享有管辖权。伊斯兰法庭能够管辖伊斯兰信徒在本段中提及的民事事宜;对犯罪问题,只在联邦法律授权的范围内有管辖权。

除了联邦直辖区的伊斯兰教法院之外,其他的伊斯兰教法院都属于州法院系统。伊斯兰教法院依据各州的法律设立,包括法院的组成、管辖和诉讼程序等。伊斯兰教法院通常由伊斯兰首席法官法院和伊斯兰法官法院两级法院组成,在它们之上,有一个上诉委员会(具有上诉法院的职能),审理伊斯兰首席法官法院和伊斯兰法官法院的刑事和民事上诉案件。伊斯兰教法院由首席法官或者普通法官负责,他们由所在州的苏丹任命,在没有苏丹的联邦直辖区和槟州、马六甲、沙巴和沙捞越州,则由最高元首任命。法院适用伊斯兰教的证据规则。各州立法通常要求法院在证人的身份和品行、证据的收集、证据的数量等方面严格遵守伊斯兰教法的规定。伊斯兰教法院拥有对当事人双方均为穆斯林的民事案件享有管辖权,对涉及穆斯林违反伊斯兰教法的刑事案件享有"有限"的管辖权。这里的有限,指具有宗教性质的刑事案件,包括某些性犯罪。例如"过分亲昵""非法性交""乱伦""卖淫""酗酒""斋月不忌斋""无报酬的天课和割礼"等。

伊斯兰教司法制度在马来西亚各州的发展目前尚不同步,其中联邦直辖区走在了前面。

以 1993 年《联邦直辖区伊斯兰法管理条例》为代表,看看在吉隆坡和纳闽的相关情况。首先根据上法,在上述两个直辖区设有"联合区域伊斯兰宗教委员会",职能是对伊斯兰教问题向最高元首提出建议。委员会属于法人实体,永久存续并拥有法人印章,可以自己的名义作为诉讼主体,能够参与财产性民事活动,有权执行遗嘱或管理死者的财产或作为信托合同的受托人。上法这样定义委员会的设立目的:依据伊斯兰法,促进、激励、方便、承担联邦直辖区的穆斯林社团的经济社会发展与幸福。其次,最高元首会任命伊斯兰教法专家及其副手。伊斯兰教法专家的主要功能是:对一切关于伊斯兰教法的事宜,向最高元首提供帮助和建议。按照最高元首的命令或出自自愿或应人们的书面请求,伊斯兰教法专家将在官方的刊物上,刊登对相关的未解或争议问题的裁定或其他需要解释的宗教法则事宜。一经伊斯兰教法专家在官方刊物上解释的宗教法则事宜对联邦直辖区的每个穆斯林具有约束力,联邦直辖区的所有法院也认可其权威性。再次,设立伊斯兰法律咨询委员会,由伊斯兰教法专家任主席,其他成员包括:伊斯兰教法

专家副手、联合区域伊斯兰宗教委员会中的两名成员、联合区域伊斯兰宗教委员会任命的不少于两名的合适的人,另外,由联合区域伊斯兰宗教委员会任命一名联邦直辖区伊斯兰宗教部官员作为秘书。伊斯兰法律咨询委员会的主要任务是提供商议的平台,以帮助伊斯兰教法专家对宗教法则事宜作出解释。最后,联邦直辖区的伊斯兰法院体系分为三级:伊斯兰下级法院、伊斯兰高级法院、伊斯兰上诉法院。最高元首任命的一名伊斯兰大法官领导整个联邦直辖区的伊斯兰法院体系。最高元首还会任命一名联邦直辖区的伊斯兰总检察长,负责向伊斯兰法院提起、实施、中止对犯罪的诉讼程序。此外,伊斯兰教法专家可以许可具有足够伊斯兰教法知识的人担任伊斯兰律师,在伊斯兰法院代表当事人出庭。①

伊斯兰教司法制度的改革还在进行中,各州的宗教委员会正试图效仿吉隆坡(联邦直辖区)的模式,将自己的伊斯兰教法院重组为三级制,但它的贯彻落实需要各州统一的立法机构,显然,目前很难做到。伊斯兰教法院体系的建立,对伊斯兰教法实施和发展起到十分重要的作用。这一体系是马来西亚独有的,它明显受到普通法的影响。伊斯兰教法的司法管理已经日益采用了普通法的形式,在联邦直辖区建立的伊斯兰教法院模式更能说明这一问题。②

伊斯兰法院与世俗法院虽然是平行的两套体系,但伊斯兰法院在相当长的时期内,处于较低的地位,民事法院的判决不时与伊斯兰法院的判决相冲突。马来西亚已故教授 Ahmad Ibrahim 曾举过如下例子:穆斯林妇女婚后 4 个月生下的孩子,因为民事法庭

---

① Sharifah Suhanah Syed Ahmad, *Malaysia Legal System*, LexisNexis, Malaysia,2007,pp.171-175.

② [澳]吴明安:《马来西亚司法制度》,张卫译,法律出版社 2011 年版,第 182~185 页。

援用《证据法》第 112 条而被宣布合法。民事法庭把违反婚约视作民事违约并要求悔婚人承担损害赔偿，无视 1959 年《马六甲穆斯林法管理条例》对订婚的特殊规定。

对穆斯林当事人双方适用民法还是伊斯兰法的纷争，一定程度上源自伊斯兰法和伊斯兰法院的模糊身份。民事法庭认为自身有权决定并适用马来西亚的法律于全体居民，而普遍适用的马来西亚法律并不是伊斯兰法。大量案例判决反复申诉着伊斯兰法院在马来西亚法律制度下受到限制的角色，这本该是州立法赋予伊斯兰法院及其工作人员的权力。于是，1988 年的宪法修正案在联邦宪法第 121 条之后，添加了 1A 款，内容是"马来亚高等法院、沙巴和沙捞越高等法院、前两者的下级法院，对伊斯兰法院管辖的事项不享有管辖权"。自此，伊斯兰法院的地位得以加强。

那么，联邦宪法第 121 条 1A 款的预设目标在现实中实现了多少呢？这些许能从伊斯兰法院享有的"排除管辖权"原则的发展中判断出来。自 1988 年公布排除管辖权以来，在诸多判例中不断发展，已经成为划分民事法院管辖权和伊斯兰法院管辖权的决定性依据。在 1988 年的联邦宪法修正案颁布后不久的案例，对排除管辖权的解释较为谨慎。因为 1959 年《槟榔屿州伊斯兰法管理条例》对双方为穆斯林的监护权纠纷案件，授权民事法院管辖，民事法院因此没有被剥夺对上述事宜的管辖。另外，如果伊斯兰法院没有被州立法明确授权管辖争议事宜，则推断民事法院有管辖权。对州立法没有授权的争议事宜，如果双方当事人同意求助于未明宗教法则事宜委员会，争议双方就要受到来自未明宗教法则事宜委员会的意见约束，反悔再上诉是不会被接受的。甚至，排除管辖权没有剥夺民事法院对关于伊斯兰法如何管理的州成文法进行解释，这只不过是法官的条款解释权而已。不过，也出现了一些反对的声音。对一个人是否穆斯林或是否放弃伊斯兰教的判定，须具

备适格的伊斯兰法法学素质,这样严肃的事情交给民事法庭合适吗? 对穆斯林个人法和家庭法的管理问题,应当由伊斯兰法院独享,这就是排除管辖权的应有之义,我们甚至不用考虑州上对此事宜是否有权立法授权于伊斯兰法院。排除管辖权的适用范围仅限于伊斯兰法院专属管辖的违法行为,比如通奸,此种犯罪在《刑法典》或其他联邦法律中并没有对应的罪名。在这种情况下,就达到了伊斯兰法院专属管辖的要求。对世俗法院和伊斯兰法院都有管辖权的违法行为,比如强制猥亵,该如何划分各自的管辖权,联邦法院给出了答案。联邦法院认为当违法行为人既可以由世俗法院也可以由伊斯兰法院管辖时,他可以在其中任一法院被追诉,这里的违法行为包括刑事违法行为与民事违法行为。联邦法院的上述解释创造了世俗法院管辖权与伊斯兰法院管辖权的重叠空间,世俗法院仍可能对排除管辖权范围内的民事或刑事案件行使管辖权。另外,如果法条的意思不清楚,在某些案件中允许对法律条款中暗含的意思进行解释,法庭可以得出结论、填补明显的漏洞。据此,排除管辖权的范围进一步扩大。

联邦法院在 Soon Singh 一案中创立的"标的物法",成为决定伊斯兰法院是否具有必要管辖权的标准。根据标的物法,当面对管辖权争议时,首要问题是"什么是案件的中心或实质问题"。如果核心标的物确实与伊斯兰法有关,那么要求的补偿或其他附带、次要问题不应当削弱该案应由伊斯兰法院管辖的事实。虽然联邦宪法第 121 条 1A 款非常渴望授权机制,可惜标的物法并不是。即便是伊斯兰法院管辖内的标的物,也不能认为是"排他的"。联邦宪法第九附表列出的州立法权清单不会自动创造并授予伊斯兰法院对清单事宜的权力,除非州立法机构颁布法令授予伊斯兰法院管辖权。联邦宪法第 121 条 1A 款所指"排除管辖权"仅对伊斯兰法院管辖范围内的事宜。联邦宪法第 121 条 1A 款没有否决世俗法院的普遍管辖权。世俗法院仍然天生就享有对马来西亚的管辖权，而伊斯兰法院的管辖权却由州法律来决定。如果州法律不授权，即便属于州立法清单内的事宜，伊斯兰法院也被排除在外。[①]　不过，现实中还是难免出现世俗法院与伊斯兰法院的管辖之争，最后还得由联邦法院进行裁决。尽管对联邦法院的上述裁定的合理性仍存在争议，但目前看来，至少保障了马来西亚司法的整体性。

三、土著人法院

　　沙捞越和沙巴各有一个土著人法院体系，专门审理和裁决土著人之间发生的纠纷。这里的土著人是崇拜多种宗教的沙巴与沙捞越的原住民。土著人法院属于州法院系统，与联邦的民事法院体系彼此独立。沙巴和沙捞越的土著法院分别对各自境内土著人的身份确认、宗教、婚姻、家庭、土地等纠纷享有管辖权，依据是土著人法律（伊斯兰法和土著人习惯的混合体）和习惯，不过土著法院的管辖权弱于伊斯兰法院。例如土著人（无论其居住在东马或西马）的结婚与离婚事宜，视其宗教信仰，受到不同法律的调整：如果该土著人是穆斯林，他或她将受到伊斯兰教法的规范；如果他或她是非穆斯林，他或她可以选择适用习惯法，也可以选择民法。

　　沙捞越的土著人法院系统分为土著人上诉法院、土著居民法院、地区土著人法院、酋长高级法庭、酋长法庭和头人法庭五个级别，级别依次递减。其中，头人法庭和酋长法庭、酋长高级法庭由土著人的头人或酋长，并带领助手，依照土著人的习惯风俗审

---

　　① 　Sharifah Suhanah Syed Ahmad，*Malaysia Legal System*，LexisNexis，Malaysia，2007，pp.161-170.

理。土著人上诉法院、土著居民法院、地区土著人法院则由法官或一等治安法官主持工作，他们将根据习惯法典审理案件。土著居民法院、地区土著人法院享有一审、上诉、审判监督管辖权。土著居民法院对涉及土著人身份认定的案件，享有专属一审管辖权，如果不服，可以上诉至土著人上诉法院。土著人上诉法院享有上诉和审判监督管辖权，与联邦系列的高等法院享有同样的权力，具有同等的地位。该法院只审理涉及土地和土著人身份的案件。

在 Ongkong Anak Salleh v. David Panggau Sandin & Anor [1983]1MLJ419 一案中，高等法院以地区土著法院不属于自己的下级法院为由，拒绝受理此案件。Seah 法官在法律报告第 422 页中作出以下说明："土著人法院是根据《土著人法院条例》设立的，它们的管辖权立法界定清晰，法院的权力有严格限制。简而言之，土著人法院（包括地区土著人法院）是根据州的立法设立，而非联邦法律。土著人法院所适用的法律与高等法院（联邦）及其在沙捞越的下级法院适用的法律大相径庭。因此，在地区土著人法院审理的案件无权上诉到高等法院。"①

沙巴的土著人法院系统分为土著人上诉法院、地区土著人法院、土著人法庭三个级别，级别依次递减。现行的 1992 年《沙巴土著人法院条例》规定"土著人法院对任何伊斯兰教法院和民事法院管辖的案件不享有管辖权"。土著人法院依法只对"违反土著人法律或习惯"的行为有管辖权。其中 1992 年《沙巴土著人法院条例》和 1995 年的修正案对已经废止的 1953 年《土著人法院条例》关于土著人法庭组成人员的修改值得关注。旧法要求法庭组成人员中至少要有一名来自那个声称违反其土著人法律或习惯的民族。新

---

① ［澳］吴明安：《马来西亚司法制度》，张卫译，法律出版社 2011 年版，第 214 页。

法则没有此要求,3 名组成人员都由州秘书长任命。吴明安在《马来西亚司法制度》一书中认为:这一修改或许消除了过去旧法产生的某些问题,如因为寻找合适的法官人选(在声称违反其土著人法律或习惯的民族成员中寻找)而需要推迟审理,但新规定一定程度上也产生了弊端,因为没有这样的人参与审判,就有可能失去熟悉此案土著人习惯的"专家"意见,或此人因其与当事人一方存在亲属关系而被否定。[①]　人们不得不承认,司法程序(即使在基层法院)对一般土著人来说,或多或少是一次恐怖的经历。笔者认为可以换个角度看待这个问题。法律现代化要求司法不能过度依赖经验和自由裁量在处理案件中的作用,毕竟,法律应当是明确的和可预知的,况且成文法在沙巴已经有了长期的发展。早期,沙巴由英国贸易公司管理,后来直接由英国政府管理。英国的长期统治丰富了沙巴的土著人习惯法的渊源,在行政法规、成文法(法律)、法院判例中都有体现。在沙巴,最著名的有《伍利氏法典》,于 20 世纪 30 年代由当年北婆罗门政府文职人员伍利汇编,法典中规定了沙巴有价值的土著人习惯法。法典汇编了 tuaran 习惯法、dusun 习惯法 、murut 习惯法、kwijau 习惯法、the timogums 习惯法的基本原则,此外,还有一些行政规范和特别法,专门调整土地和土著人遗产分配。在沙巴,存在着充足的公开的成文法、行政法规和司法判例。1995 年《土著人法院(土著人习惯法)条例》试图统一土著人习惯法并将惩罚标准化。这个法律文件是根据州首脑按照该法第 30 条的授权所制定出来的。司法方面对审判人员的调整和上述的立法趋势是一致的,沙巴的习惯法及其适用都朝着专业化迈进。这是法律的进步,可以减少司法人员个人因素对案件结

---

①　[澳]吴明安:《马来西亚司法制度》,张卫译,法律出版社 2011 年版,第 220 页。

果的影响。因为土著群体通常规模不大,来自那个声称违反其土著人法律或习惯的民族的法庭组成人员,以往常出现与案件有利害关系,或对审判标的物有地方意识里的敏感因素,而无法公正处理的情况。

虽然土著人法庭在土著人习惯法的实体查明方面取得很大的进步,但程序上,还是相对不太正规,庭审记录很少保存。MB Hooker 先生对当时的审判实践和诉讼程序有过如下评价,他说:"尽管形式上法庭是正规的审判机构,但实践中,由于缺少正规的诉讼程序,使得法庭成为一个调解机构。单这一现象,就是土著人法庭的一审判决与高等法院(民事法院)终审判决不一致的原因……第二,在土著人法院体系的酋长法庭和头人法庭,很少保存庭审记录。在非正式的程序中,证据的提供都采取口头形式,甚至于判决都采取口头的,有关判决的内容也只限于某一特定地区或村庄所知晓,或许连土著人法中的实体法的变化也是没有记录的。第三,十分明显,最基层的法庭在审理案件时,重点放在事实的真实性或者虚假性。绝大多数案件不注重对土著人法律原则的适用,而主要是对相互抗辩的事实观点作出判决。第四,也是最重要的,即由于缺少正规的指导,使得酋长法庭和头人法庭很难预料自己作出的判决被上诉到上级法院甚至高等法院之后会有什么结果。他们似乎对高级法院的审案标准和证据规则知之甚少。"[1]

根据上述的评价,如何协调普通法法院体制与土著人法、习惯内容的关系,是马来西亚多元社会文化下的司法必须要思考的问题。

---

[1]　[澳]吴明安:《马来西亚司法制度》,张卫译,法律出版社 2011 年版,第222 页。

四、检察院体系及公诉人

马来西亚在独立后很长时间内,没有建立固定的检察官制度,行使检察权的是政府律师。其主要职责是决定在哪级法院起诉犯罪嫌疑人,并有权提出量刑意见。马来西亚 13 个州,有 150 名左右的政府律师,他们有专门的机构、办公楼。1995 年以前,马来西亚检察机关在刑事诉讼中所起到的作用是很有限的,它只对谋杀、叛国等少数重大疑难案件提起公诉,大多数案件都由警察机构侦查和起诉,重大的疑难案件是由警察机构来委托公设律师代为起诉,没有公设律师的地区则委托私人开业律师代为起诉,检察官对警察部门有提出建议的权利,但仍然缺乏对警察机关有效的约束力。1985 年英国议会通过了《犯罪检察法》,并在 1986 年正式设立了皇家检察院,将起诉权从警察部门剥离出来,集中由各检察机关行使。这很显然对马来西亚的检察制度产生了很大的影响,从1995 年 12 月 15 日开始,由警察负责调查的开庭审理的案件都由隶属于州起诉机关的副检察长起诉。现在马来西亚检察机关无论是作为国家司法机关,还是作为国家行政机关的组成部分,都具有参加民事诉讼、行政诉讼和刑事诉讼的职权。①

联邦检察机关设总检察长一人,检察长若干人。分驻在全国各中心区的负责人称副主控官,设在地方的叫督察长。联邦检察总长的办事机构称之为总检察长办公室。其下设机构有:咨询司、民事司、法律草拟司、国际事务司、法律修订及改革司、起诉司、管理司等。咨询顾问司不仅对完成总检察长的宪法性义务做出贡

---

① 张文山、李莉:《东盟国家检察制度研究》,人民出版社 2011 年版,第153～161 页。

献,还向最高元首、内阁或任何部长就他们指定的法律事项提供建议和咨询。2003 年,该司进行了改组工作,其中咨询和国际事务分为两个独立的部门,即咨询司和国际事务司。这是为了管理日益增加的工作量和复杂性的市政和国际事务,以及拓展和加强法律官员在这两个领域的专门知识和技能。经重组后,咨询顾问司被分为两个部分,即市民处和伊斯兰处。市民处负责处理除伊斯兰法外的所有法律领域。伊斯兰处负责涉及市民法律和伊斯兰法律规定相互交叉的部分,任何与伊斯兰问题和法律有关的事项。该司的职能是必要的,由于越来越多的伊斯兰问题,并需要一个有效的和有能力的团队,并且法律官员都是该领域的专家。咨询顾问司的法律官员作为联邦各部委、各部门、各机构和各州的法律顾问;也有法律官员作为法定机构的法律顾问。这是必要的,这些工作和咨询司职位性质有关。这些法律官员的咨询仍在咨询司总部的监督之下。他们执行咨询任务,如果涉及宪法、私有化、公共利益和敏感的问题,必须事先得到咨询部总部批准。法律顾问在联邦各部、各部门、各机构、各州任职的目的是下放法律咨询司的职能,从而以更加及时和有效的方式提供法律咨询意见。法律草拟司负责起草的法律,是符合联邦宪法和法律,符合政府政策的。该司起草条例及附属法例的语言为马来语和英语,从而保证了立法的准确和符合语法规则。在本国语言中使用的术语要得到语言文学研究机构的接受(核准)的。此外,该司翻译的合同、条约和其他法律文件使用本国语言。该司从联邦内阁各部以及其他政府机构接受条例和附属条例的草拟任务,并作为内阁各部和政府印务局双方的中间人。法律修订与改革司最初设立时主要关注法律的修订。该司的法定职权源自 1968 年的法律修订法。2002 年,总检察长办公室的研究司与该司合并,组成法律修订与改革司。11 个州的法律修订和改革部门也在马来西亚诸岛相继成立,以履行修

订和重印各州法律的权力。2004年5月起,法律修订与改革司接管了原起草司的任务,把1967年前法律从英语翻译为马来语。法律修订与改革司的主要职能是发布已修订的法律,以双语(英语和马来语)重印法律,将马来西亚半岛的法律延伸至沙巴、沙捞越和其他联邦领土,将1967年以前的法律从英文文本翻译至马来文,开展法律改革,并研究法律现代化以适应不断变化的社会需求。起诉司行使的总检察长作为公诉人的权力。该司负责在案件的侦查和起诉方面,向相关执法部门提供咨询意见和指导;或者直接向法院提起公诉。该司的支柱力量是副检察官,分散在总部、各机构、各部门、各州的纪检部门。

公诉人是马来西亚所有检察机构的头衔,刑事案件都以公诉人的名义或代表公诉人进行追诉(伊斯兰法庭、土著法庭、军事法庭中的追诉程序除外)。公诉人由总检察长领导,总检察长由最高元首根据总理的建议任命,必须具备联邦法院法官的任职资格,属于公务员。总检察长主要有三项职责:常规职责是有权控制、裁量马来西亚所有的刑事诉讼和程序;重要职责是就任何法律事宜向最高元首、内阁、或任何部长提供建议,履行这些人交给他的法律任务;特殊职责是启动对最高元首或各州统治者的刑事诉讼程序。

作为公诉人,最重要的司法权力是对刑事犯罪享有启动、实施或终止诉讼(控诉)程序的自由裁量权。在决定是否进行检控时,检察官必须考虑两方面的问题:第一个问题是证据的充分性,第二个问题是公共利益的检验。不过,公诉人(包括总检察长)启动的刑事诉讼程序并不能赋予法院额外的管辖权,管辖权应当由宪法、法律规定。尽管如此,他们所掌握的自由裁量权还是巨大的,甚至对于那些双重管辖的罪行,公诉人也可在世俗法院提起诉讼,从而避开伊斯兰法院、军事法院、土著法院的管辖盲区。马来西亚的诸多判例已经认可公诉人有权,起诉或者不起诉某人的行为,如果起

诉,以何种罪名,如果案件被发回重审,在法官作出重审判决之前,公诉人还有权变更、减少或者加重指控,即使无法提供相应的证据。如果证据支持的指控与公诉人的指控不相符,上诉法院认为法庭有权修改公诉人的指控,但法庭通常不这么做,它会建议公诉人做出合适的改动,毕竟宪法赋予公诉人的特权不可动摇。这里有一个问题,起诉的罪名不同,法定刑会有差异,专属于公诉人的启动刑事诉讼权会不会违反宪法的公平原则,带来同罪不同刑的后果? 负责审理引发该问题的案件的主审法官 Suffian LP 作出如下判决理由:"……我认为公平权,应当在尊重公诉人的启动、实施或终止诉讼程序的自由裁量权的基础上,予以解读。据我所知,英国就是这样解读的,而且我们的总检察长在作出起诉决定时会将公共利益纳入考量,总检察长与警察、其他调查机构有联系,他会掌握法庭无法接触到的信息,并以此作出相关决定……"①

　　刑事诉讼启动中的平等只能是相对的。启动诉讼,离不开公诉人的表意,根据马来西亚的刑事法律,启动不同罪名的追诉,需要的表意方式不同,大致分为两类:一类需要公诉人的同意,另一类需要公诉人的批准,究竟需要哪类表意才能启动诉讼,由相关法律规定。同意与批准有差别吗? 相关判例的审判意见认为:"同意是一种推理行为,伴随着深思熟虑和利弊权衡,而批准不须要对特定案件深入思考。"在马来西亚的司法实践中,法律要求同意的,文书中写"批准追诉"法庭将视为不合法,除非法官能从公诉人提交的证据中,推断出公诉人在书写文书前应当对诉讼持同意的态度。另一方面,法律要求批准才能启动诉讼的,同意当然没问题,因为高标准都达到了,低标准肯定通过的,那么,连批准都没有的呢?

----

① Dato' KC Vohrah & Philip TN Koh & Peter SW Ling, *The Constitution Of Malaysia*, LexisNexis, Malaysia, 2004, pp.503-508.

答案在《刑事诉讼法》中可以找到，有管辖权的法庭通过或作出的裁决、量刑、命令不会因批准与否而被推翻或改变，除非这样已经引起不公正。警察或公诉人应在批准作出后的一个月内，向法庭申请启动诉讼程序，并且应在法官指示或已经发出传票之前。

Repco Holdings Bhd v. PP 一案，提出了谁应当实施控诉的问题，该案中安全委员会委托两名官员实施控诉活动，并且以《国内安全法》第 126 条（2）款、《安全委员会法》第 39 条（2）款为证，但引发了对上述法律合宪性的质疑，该案的结果是两名官员实施的控诉活动无效，宪法将实施控诉的委任权赋予的是公诉人。负责审理的高等法院，限定了该判决理由的预期影响，它只对 1997 年 10 月 2 日以后登记的案件有效，对之前已经进行的诉讼程序没有溯及力。以上判例后来又被多次援用，但仍有主审法官在追随判例的同时，提出"宪法没有规定公诉人'独享'实施控诉权，是否是立法者为其他法律留下的空间"，甚至当时的《刑事诉讼法》第 380 条第 1 款、第 2 款，是否合宪也成了问题。司法中的质疑累积为立法上的修改，1998 年《刑事诉讼法》修正案终于平息这场争议，其他人实施控诉权的前提必须是公诉人的书面授权（唯一的例外是：针对自己人身或财产实施的不可抓捕的犯罪，个人可以不经授权在治安法庭实施控诉），其他法律如果有与此不一致的规定，不予采用。上述纷争巩固了公诉人在实施控诉方面的权威地位，连法庭也无力干涉。那么在上诉案件中，谁实施控诉呢？ 1998 年《刑事诉讼法》修正案明确规定"只有公诉人、高级副公诉人、普通副公诉人有权"，其他人等一概不能在上诉案件中实施控诉，较之一审案件，上诉案件的权力更加集中于公诉人自身，但这个规定对 1998 年修正案生效前的案件没有溯及力。在实施控诉中，只要控诉人没有受到非法动机的影响，公诉人有召集或不召集某证人的自由。法庭会在公诉人指控的基础上对案件形成初步印象，从而

判定指控的理由充分与否,法庭不会因为公诉人是否出席,而取消对被告人的指控。

如果公诉人在诉讼中彻底撤回追诉,那么,法庭只能宣告被告人无罪;如果追诉人通知法庭不再按照原指控追诉,所有相关的诉讼程序将被延期,对被告人的指控将被撤销。后一种情形保留了按照原指控对被告人再次追诉的可能,这是公诉人的特权,在司法实践中,法庭似乎倾向于在后一种情形,宣告被告人无罪。法庭认为对被告人长期保持追诉状态又不具体确定下来,是不公正的。不过,对因证据不足而被延期的案件,法庭的干预权应当被慎重行使,这在马来西亚联邦法院的判例中已有所体现,根据判例的层级效应,各级法庭对证据不足案件,应当更遵从追诉人的意见。不追诉罪行存在两种情形及后果:(1)当被告人面对的多项指控中,有一个或数个已被定罪,则追诉人可以经法庭同意撤回剩下的指控,或者法庭决议延缓对剩下的指控的调查或审判;除非原定罪被取消,上述的撤回或延期能够对剩下的指控产生宣告无罪的效果,上述法庭仍然保留对剩下的指控再进行调查或审判的权力。(2)法庭在审理公诉人发起的刑事诉讼中,被告人承认其还犯有其他罪行的,经公诉人和被告人同意,可以在定罪量刑时将犯有的其他罪行列入考虑,并记录下来;除非原定罪被取消,否则被告人不会因犯有的其他罪行被指控或审判。上述两种情形,是马来西亚公诉人享有广泛自由裁量权的体现,法庭对公诉人的制约有限。

为了帮助公诉人行使职责,马来西亚设置了副公诉人(包括副检察长)和助理公诉人,副公诉人进一步分为高级副公诉人和普通副公诉人。通常,副公诉人拥有公诉人的所有权力,但《刑事诉讼法》或其他成文法明确规定只归属于公诉人个人的权力或权利除外。《刑事诉讼法》规定,对下级法院有权审理的案件,公诉人本人才有权签发凭证,指定将案件转移给高等法院审理。1964 年《法院法》规定只有公诉人本人才能签发上诉通知。在 Leong KokHuat v. PP[1998]6MLJ 406 案中，根据当时的法律，副总检察长只在总检察长缺席或无法胜任的情况，才承担公诉人角色，而此案中，总检察长正在柔佛新山出差，因此副总检察长签发的上诉通知无效，该案等同于没有上诉至上诉法院，原判决生效。然而，面对越来越多的上诉申请，公诉人疲于应付，且案件处理效率较低，改革的必要性逐渐凸显。终于在 2004 年，《法院法》修正案将签发上诉通知的权力下放，变更为"公诉人、副总检察长或公诉人授权的任何官员都有权签发上诉通知"。除了副公诉人和助理公诉人，在各种执行机构还存在公诉员，公诉员主要在下级法院代表总检察长进行诉讼。

此外，关于证据展示方面，检察机关有义务向辩方披露未使用的资料。被告人有权事先预览控方的全部证据材料，无论在控方看来是否具有相关性，无论该证据材料是否对控方不利。敏感材料可交由法院来裁决是应当披露还是予以保留，司法实践中曾经出现过相关证据因为公共利益的原因而被保留的情况。与检察官对起诉问题享有广泛自由裁量权形成鲜明对比的，检察官的出庭公诉权却长期受到限制。检察官只能在负责审理轻罪案件的治安法院出庭支持公诉，而不能在审理重罪案件的刑事法院及上诉法院出庭。对刑事法院的审理，检察机关必须聘请有资格出席高等法庭辩论的律师。检察官至今未获得刑事法院的出庭公诉权，这是马来西亚检察机关的长期隐痛，他们表明如果他们能办理自己案件的话，那么在人员招募和表现水准两方面都会得到改善。这种源于英国的制度，理由在于认为法庭必须由控、辩双方组成，如果给予检察官的出庭发言权则会从根本上动摇法庭的独立性，因为检察机关代表的不仅是公诉方，还代表了国家的强权力量。虽然如此，众多学者还是批评了律师们在案件中的表现。他们也建

议经律师的建议,对一些资深的检察官可以网开一面。①

　　法庭对所审理案件的固有管辖原则,时常与公诉人的自由裁量权产生冲突,为此,在参议院的案件中,主审法官给出了解决这个问题的一般思路:"只有追诉是压迫性的、无理的,且已经达到滥用法庭程序的程度,法官才有权干涉……下级法院是否拥有此种权力,我不做评判。"②慎重固然重要,固有管辖原则的适用也不能太松散,联邦法院的法官进一步明确:"英国法中的固有管辖原则,几乎不能在下级法院适用,但是高等法院可以在少数案件中使用这种特权,从而维护正义……法庭应当慎重地作出决定,不能违背立法的目的,包括其授予的法定权力。当存在其他解决办法时,固有管辖原则不能被援引,来推翻法条的规定。"③马来西亚司法实践的中庸做法是:被告人向高等法院申请作废起诉书,前提是被告人以起诉书或宣誓口供的形式,证明该指控在没有管辖权的情况下作出或存在其他重大且明显的缺点。

---

　　①　张文山、李莉:《东盟国家检察制度研究》,人民出版社 2011 年版,第 164～165 页。

　　②　Ahmad Hidayat Buang ed., *Mahkamah Syariah di Malaysia*, Penerbit University Malaya, Malaysia, 2005, pp.65-72.

　　③　Ahmad Hidayat Buang ed., *Mahkamah Syariah di Malaysia*, Penerbit University Malaya, Malaysia, 2005, pp.65-72.

第四章

马来西亚法律面临的挑战及发展趋势

马来西亚是多族群、多宗教的国家,导致其法律制度打上了多元文化的烙印,从古代开始,古代习惯法、伊斯兰法、印度法、古代中华法等各种制度在这里并行不悖、相互碰撞融合。然而当前,马来西亚的法律面临着新的挑战。努力保持马来西亚法治文化的民族特色并努力融入全球主流法治文化,成为决定马来西亚法治发展走向的两个决定因素。

第一节　马来西亚的伊斯兰法问题 ✳ ✳ ✳

一、伊斯兰文化主导下的马来西亚仍旧是一个世俗国家

根据联邦宪法,"伊斯兰教是马来西亚联邦的宗教"。那么,马来西亚是一个伊斯兰国家吗? 我们先看看宪法的规定。《宪法》第11条第1款规定"任何人有权信奉、实践自己的宗教,在不违反本条第4款规定的前提下,传播自己的宗教",第4款规定"各州和联

邦法律(在联邦管辖的领地)得控制和限制任何宗教教义在信奉伊斯兰教的人群中传播"。据此,马来西亚宪法赋予公民有限的宗教信仰自由。宪法在保障伊斯兰教不被其他宗教侵蚀的基础上,允许多种宗教存在。伊斯兰教的信众大都是马来人,佛教和道教被华人广泛接受,印度教是印度人的传统信仰,原始宗教、伊斯兰教、基督教和天主教则被不同的土著原住民崇拜。立法者的宗教倾向通过宪法确立下来,只要不向穆斯林传教,非穆斯林的宗教信仰自由还是受法律保护的。这主要是为了抵制基督教的传教,因为基督教与伊斯兰教本质上都很热衷于宣扬、传播自己的教义或福音。① 有意思的是,穆斯林内部也只能传播"正统"的伊斯兰教。法律既保护人们的正当权利,也禁止着人的不正当行为(不符合逊尼派伊斯兰教义的行为)。伊斯兰教较之其他宗教,确实受到法律的特殊保护,不过其他宗教也可以合法地存在。马来西亚允许基督教、佛教、印度教、锡克教等宗教和平与和谐地存在于联邦的任何地方。

　　法律的规定与马来西亚的教徒分布状况密切相关。当一种宗教的教徒聚居于某地,该宗教价值与制度会成为当地社会的规则,人们只有遵循它,才能被当地主流社会所接受,宗教的许多规则进一步法规化,成为地方法律体系的一部分;当多种宗教的教徒混居于某地,人们有很多机会接触到迥异的信仰与生活方式,反而见惯不怪,大多能够保持温和而开明的态度。在多宗教混居的地方,政府一般推广较具普遍性的理念,争取换取大部分民众的支持。马来西亚正是后一种状态,占人口多数的马来人与中国人、印度人、其他少数族群混居在马来西亚各地,可以在马来西亚的同一座城

---

① [澳]吴明安:《马来西亚司法制度》,张卫译,法律出版社2011年版,第161页。

市看到清真寺、基督教堂、佛教寺庙、印度教寺庙……多族群、多宗
教混居的状况，容易诱发宗教冲突，特别在宗教信仰虔诚的族群之
间。例如在伊斯兰教复兴运动的影响下，马来西亚的马来社会曾
产生了对非伊斯兰宗教的敌视情绪，马来西亚不断发生破坏印度
人寺庙的事件，有些甚至酿成严重的宗教暴力事件。如发生在克
林的苏巴马廉王（Kirling Subramaniar）寺庙事件，8 个寺庙保安被
逮捕之后被宣判监禁，而冲击寺庙的暴徒却逍遥法外。①　政府在
宗教政策上的一边倒行为，对非马来人族群利益的漠视，加剧着印
度人社会对信仰伊斯兰教的马来人主导的政府的不满，在 2007 年
11 月，吉隆坡爆发了三万多印度人参加的群众运动，矛头直指当
下政府长期的不平等政策。②

　　关于伊斯兰刑法之争，也体现了非马来族裔对国家伊斯兰教
化的片面理解，甚至马来族裔内部对国家伊斯兰化与法律伊斯兰
化的认知也有分歧。譬如：

　　　　2010 年 2 月 9 日，三名犯不正当性行为罪名的女性在加
　　影监狱中被施予鞭刑，三人是按照 1997 年《联邦直辖区回教
　　刑事法》第 23 条（2）款被指控的。2 月 18 日，回教姐妹组织
　　谴责向三名女伊斯兰教徒施鞭，违反了《刑事诉讼法》第 289
　　条，该条款规定老人和女性免于鞭刑。该组织谴责政府违反
　　人权，暗地里施鞭，无非是为了让这侮辱性和不公的举措躲过
　　公众的监视。马来西亚回教律师协会却支持回教鞭刑，并认
　　为这显示政府要认真施行回教法。妇女、家庭与社会发展部

---

　　①　Theodore Gabriel, *Hindu and Muslim Inter-Religious Relation in Malaysia*, Edwin Mellen Press, Lewiston, N. Y., 2000, p.130, 转引自罗圣荣：《马来西亚的印度人及其历史变迁》，中国社会科学出版社 2015 年版，第 161 页。

　　②　卡比兰（K.Kabilan）：《兴都权益大集会的真正英雄：三万名争权益不畏惧的群众》，马来西亚新闻网，http://www.malaysiakini.com/news/75323。

长表示,该部关注三名女性受鞭刑的案件,并承诺将监督这类案件,以避免造成对回教法惩罚的神圣性与感化作用出现任何混淆或误会。该部长承认回教法的施行缺乏女性伊斯兰教徒的参与和回馈。马华公会政治教育局反对这项刑罚,并称同时实施两套刑事法,会引起混淆。据《马来西亚前锋报》报道,这三名被施鞭刑的女性伊斯兰教徒受访时皆表示甘心受刑,因为她们死后遭到的惩罚,将比在世时遭到的惩罚还要重。2月19日,副首相慕尤丁发言捍卫回教鞭刑,指回教法庭的鞭刑是合法的,国际社会如何看待,就由得他们。他称事件是因缺乏认知而产生误解,回教鞭刑是非常轻微的,不同于刑事法的鞭刑。2月22日,回教党主席哈迪阿旺表示,鞭笞三名女子的程序不遵守回教法,此事令伊斯兰教徒蒙羞,因为落实的方式不符合回教法。①

马来西亚的确存在法律伊斯兰化现象,并有扩大的风险。根据马来西亚的宪法,宗教事宜属于州管辖的事务(联邦直辖区除外),州议会得就伊斯兰教徒个人和家庭的相关活动制定伊斯兰法律。马来西亚的州议会由州选举中的多数党掌控,如果伊斯兰性政党或其他带有明显宗教性的政党胜出,宗教法的适用面会更大,例如伊斯兰党在吉兰丹的沙里亚法(伊斯兰法)实践和伊斯兰教规行政化。不过,这并不意味着马来西亚就是伊斯兰国家。接下来,笔者将从法律的角度,通过研究伊斯兰法会否凌驾于世俗法(普通法)之上,找到"马来西亚是伊斯兰国家还是世俗国"的答案。

证据一,世俗法对宗教法存在制约。

宪法明确规定"本法为联合邦之最高法律,凡独立日以后所制

---

① [马]诺拉妮·奥托曼等:《一个马来西亚,两种社会契约?》,李永杰译,马来西亚永联印务2010年版,第105～106页。

定之任何法律如有抵触本宪法者,其抵触部分概属无效"。宗教法由州立法机构制定,只适用于教徒私人领域,宗教法如有不符合联邦宗教制度的部分,自然无效。因为宪法的严格监督和制约,州层面上的法制宗教化不会走得太远。那么,联邦层面上,会不会通过修宪,以伊斯兰法取代现代的法律制度,把马来西亚变成真正的"政教合一"的国家呢?可能性很小,或者说微乎其微。执政党联盟(国民阵线)以巫统、马华公社、印度人国大党为主,这三党的宗教信仰并不统一,面对反对党联盟(人民联盟)的有力挑战,巫统只能施行"温和的伊斯兰政策"才不至腹背受敌,而人民联盟中宗教性最强的伊斯兰党从 2008 年大选起,也放弃伊斯兰国家主张,转提福利国概念。马来西亚政坛出现"去族群""去宗教"的新气象,[①]政治合作与经济发展成为主流。所以,经过国会三分之二以上多数的同意,修改宪法伊斯兰化的路几乎走不通。

限制宗教活动的法律陆续出台也是宗教不可能独大的重要信号。1987 年的《社会团体法》要求社会团体,包括宗教团体应当登记。凡被拒绝登记或者被注销登记的社会团体,将被视为非法组织,参加这样组织的集会将会受到惩罚。1986 年的《古兰经课文印刷法》和 1984 年的《印刷业与出版社法》禁止不合适的宗教读物的出版发行。这类的法律还有很多,对宗教活动划定了一条红线,即不得危及公共安全,在限制宗教自由的同时,保证了宗教活动始终在法律许可的范围内。

证据二,宗教法在具体应用层面的普通化、世俗化。

英国殖民地时期,涉及穆斯林的案件曾常由伦敦的枢密院处理,因而"遵循先例"原则开始对马来亚穆斯林法的发展产生重大

---

① 范若兰:《伊斯兰教与东南亚现代化进程》,中国社会科学出版社 2009 年版,第 257 页。

影响。此外，英国人根据自己的法律观念在当地建立司法制度，将原有的宗教法庭改造为现代意义上的法院，按照普通法的模式，制定程序法，任免法官，对信徒们适用宗教法，并创造判例法。一位学者总结如下："在英属马来亚，伊斯兰教（通过成文法的形式和法律实施）被制度化和官僚化了。"①西马的伊斯兰教法和东马的土著习惯法逐渐采取普通法的形式。英国的法律方法论和学说对宗教法的解释、适用以及马来西亚成文法有关宗教问题的立法产生巨大影响，甚至后来形成"伊斯兰教普通法""土著普通法"②。

　　马来西亚独立后，联邦宪法没有重视实施伊斯兰法的重要性，这一点反映在联邦宪法对法律的定义上，即规定"法律包括书面法、适用于联邦范围内的普通法、适用于联邦范围内的有法律效力的习惯与惯例"，该定义没有提到伊斯兰法。联邦宪法是联邦的最高法律，而伊斯兰教是联邦的宗教。最高法院的判例 Che Omar Bin Che Soh v. Public Prosecutor［1988］2 MLJ55 解释了马来西亚法律制度的世俗基础性及其如何运作。在该案中，《危险毒品法》和《火器法（加重惩罚）》规定的死刑受到合宪性与否的挑战，因为这违反了伊斯兰法。如何在宪法的框架下认识伊斯兰教的意义？马来西亚法律制度的世俗基础性从何而来？英国殖民者通过与马来苏丹签订条约、对他们提出建议的方式，将伊斯兰法分为两个独立的部分：公共方面、私人方面。统治者不再被视为真神的代表，他们被看作疆域内至高无上的权威。将至高无上的权威归于人类违反了伊斯兰教，因为在伊斯兰教中至高无上的权威只属于真神。将至高无上的权威归于人类的做法，切断了宗教神圣渊源

---

① Ahmad Hidayat Buanged., *Undang-undang Islam di Malaysia*, Penerbit University Malaya, Malaysia, 2007, p.39.

② ［澳］吴明安：《马来西亚司法制度》，张卫译，法律出版社 2011 年版，第162～165 页。

与法律有效性的必然联系，马来亚的法律制度成功地向世俗化转型，自此，包括伊斯兰法如何实施在内的所有法律不得不通过世俗的法令获得其有效性。英国殖民者通过居住制度进一步削弱苏丹的权力，伊斯兰教的地位随之下降。在公共方面，伊斯兰法沦为统治者权力与权威的附属物，仅仅在私人方面伊斯兰法还有着一席之地，如结婚、离婚、继承、监护人等。近些年，伊斯兰法的范围业已扩展到伊斯兰刑法领域和一些商事交易（如伊斯兰银行和保险）。

　　综上，证据一从马来西亚的法律体系本身切入，根据下位法服从于上位法和等位法的协调配套等法律逻辑，认为宗教法会受到其他法律的有力制约；证据二从法律实践入手，发现宗教法趋于采用普通法的模式，且经过多年的建设和推广，本土化成效卓著，已经为马来西亚社会所接受。在马来西亚，宗教法的地位和运作模式已经稳定，宗教法与世俗法并行不悖，宗教法不会取代世俗法，宗教更不会凌驾于法制之上。

　　马来西亚开国总理东姑·阿卜杜勒·拉赫曼在马来西亚建立之初，曾表示"我想澄清：这个国家不是一个人们所认为的伊斯兰国，我们仅仅规定伊斯兰教是国教"。[①] 前任总理纳吉布提出"一个马来西亚"的理念，政府长期致力于打造和平和谐的多民族国家。从国家创立者到现任国家领导人都表明了态度：他们绘制的国家蓝图并不是伊斯兰国家。伊斯兰教必须与其他宗教信仰和谐共处。伊斯兰法与不同族群的习惯法一起，构成了马来西亚的本土法律资源，或者说，现代法律制度建立的基础。

　　从实践而言，在现阶段，先进发达国家基本上均是世俗的、自

---

　　① Andrew Harding, *Law, Government and the Constitution in Malaysia*, Kluwer Law International, London, 1996, pp.56-58.

由主义的民主国家。这应该不是历史的偶然,而是有其一定的作用条件。从内容而言,世俗的自由民主国以人为的宪法为治国根据,且这根本大法可以透过人为的努力来使其内容与时俱进。反之,神权国家是依据神典治国,故其内容万古不易,人只能对其做出灵活的诠释而不能修正之,而"灵活的诠释"又可因人而异,结果是各说各话。至于自由主义和多元主义思想,它基本上较偏向务实而非教条,较开明、宽容,带有较少的绝对成分和有助于个体主义的发展。这些特点虽易使其走向放纵和相对主义,但它也是使族群关系和谐的良方之一。世间事难有十全十美,世俗的、多元主义和自由主义的民主政体虽有其缺点,但是,总的来说它对多元族群国的作用应是利多于弊的。以人权为例,它本质上便是世俗的、多元主义和自由主义的产品。也因为如此,人权理念可以与世界上的主流文化、宗教里的一些普世性价值相契相合,如宗教事不可强人所难(伊斯兰教)、己所不欲勿施于人(儒家)等。易言之,人权理念包容而又不排斥各主流文化、宗教的核心价值,使其有条件成为可被各主流文化、宗教接受的超然准则——实则,当代许多国家的宪法的基本精神便源自 1948 年联合国《世界人权宣言》的内容。显见,人权准则是足以作为跨文化、跨宗教、跨族群、跨国家的普世性准则的。①

二、对伊斯兰法进行现代法制变革的意义和途径

伊斯兰教为主、多宗教并存的马来西亚需要法律。因为宗教只有凭借法律的形式,才有生命力。法律的诸多特征,修正宗教的

---

① 　[马]孙和声:《华人文化述评——兼论东西文化、宗教与人生》,马来西亚永联印务 2007 年版,第 172 页。

非科学性,助力宗教效果的实现,同时促使宗教的普适化。

首先是法律的确定性。法律对公民权利和义务有着明确的规定,非经法定程序不得变更。如果以法律的形式将宗教权利与义务固定下来,那么教徒对所信宗教的内容和要求才能从思想到行动一以贯之。对信徒来说,宗教要素的内化是一个过程。从皈依某种宗教起,对教义、教仪、教团的学习与实践就在不断进行,并将宗教的要求提升为自己思想和行动的指南,这就要求宗教内容的稳定。同时,宗教具有固化的经文,也夹杂着大量口口相传的"神的旨意"等,其内容差异很大,不同宗教学者对宗教经文的解释不同,教徒的理解往往更加模糊。马来西亚的穆斯林属于逊尼派和沙斐仪教法学派,《古兰经》和《圣训》是他们的典范,但这两者并不能涵盖现实生活中出现的所有问题,特别是随着社会发展涌现的新矛盾,需要建立现代法制体系,设立宗教机构,制定宗教法律,由宗教法官执行并创制判例,以不变应万变。

其次是法律的强制性。法律由国家权力机关实施,公民必须遵守,如果违反法律,就要受到国家强制力的惩罚。马来西亚设有全国宗教事务委员会,是全国宗教最高机构,各州设有专门负责本州事务的宗教局,各州宗教局有权制定本州的伊斯兰教法律,各州设有伊斯兰法院系统,负责对教徒的适用。从立法到执法体系的制度化,把伊斯兰教的"六信"、"五功"、《古兰经》、《圣训》上升为国家法律或州法律的一部分,并吸收当地的习惯法,在社会、家庭、商业、政治等方面制约穆斯林的行为,因地制宜地将主观宗教崇拜变成客观规范,违背宗教精神的行为要承担法律责任。制度的约束力要远远大于个人甚至是个别思想家的力量,这难道不正是我们主张法制的根本理由吗?①

---

① 　苏力:《法治及其本土资源》,中国政法大学出版社 1996 年版,第 299 页。

最后是法律的可操作性。马来西亚伊斯兰法的适用具有属人性，各州的伊斯兰法也并不统一。宗教法学家们对相同事件的法律规定各持己见，加上无数的判例，伊斯兰教法成了庞杂的，甚至相互矛盾的法律集合体，这为伊斯兰法庭判案造成一定困难。①现代法制包括冲突规则、判例位阶、司法制度的设立和运作的一整套理论、方法，这有助于伊斯兰法和伊斯兰法院的改革，提高伊斯兰法的实施效率。现代法制还摒弃了伊斯兰法中极端不符合人道、人权的内容，如残忍的惩罚方式，加强诉讼程序的公正性。既体现对教徒的保护，又会得到更广大人群的拥护，这样，宗教象征的苏丹与法制化身的法官都会满意了。

在马来西亚，伊斯兰教义中的不同成分法律化的途径并不相同。

民事方面，马来西亚设有伊斯兰法院系统与普通民事法院系统这两套并行的司法系统。伊斯兰法院对双方当事人都是穆斯林的关于婚姻家庭生活、财产划分、继承、宗教等民事案件享有专属管辖。审判的依据为伊斯兰教法的相关部分，其他法院不得推翻伊斯兰法院的判决，如有不服，只能在伊斯兰法院体系内通过上诉来解决。伊斯兰教法院不受理当事人一方为非穆斯林的案件，这样的案件由普通民事法院管辖。民事案件具有属人性、排他性，并衍生出管辖选择、管辖异议等问题，特别是个人身份与宗教的确认、宗教的变更等更是时常引起争议。

独立后，马来西亚颁布了大量遵循国际法则的经济法，如贸易法、工业产权法、版权法、金融法等。同时，随着振兴伊斯兰经济的呼声越来越高，宗教学家和法学家也开始思索如何让现代经济活

---

① 范若兰：《伊斯兰教与东南亚现代化进程》，中国社会科学出版社2009年版，第401页。

动符合伊斯兰的精神。经过考证,伊斯兰经济思想允许从事商业
活动,但要求商业活动"公正""公平"。20 世纪 80 年代,马来西亚
制定《伊斯兰银行法案》《塔克夫条例》《银行和金融机构法案》,伊
斯兰金融机构必须遵守沙里亚法,接受国家伊斯兰银行指导委员
会、沙里亚监督委员会、伊斯兰投资咨询委员会的监督,推出的金
融产品和服务项目,不得违反沙里亚法禁收里巴、分担利润和亏损
的规定,不得参与"有害"行业。随着完整、系统的伊斯兰经济体系
的建立,穆斯林能够安全地、符合教义地参与商事活动,马来西亚
的伊斯兰经济制度成为伊斯兰世界的成功榜样。[①] 不过,伊斯兰
教义与现代经济制度运作方式之间还是存在着一些矛盾的,现代
银行、保险、股票、债券等的盈利方式是否违背安拉的旨意存在较
大争议。

在马来西亚,对伊斯兰教义中的刑事成分法律化之路走得谨
慎、缓慢。在全体国民的《马来西亚刑法典》及其修正案中加大对
宗教的保护力度,把一些违反宗教元素的行为定为犯罪,用法律的
权威加以保护,体现了世俗刑法与宗教刑法相衔接的法制结构。
以《马来西亚刑法典》为例。

首先,单独设立"与宗教有关的犯罪"一章,强化对神灵权威的
敬畏感。这章共有五条,分别是:为侮辱任何宗教而损害或伤害礼
拜之所,扰乱宗教集会,非法侵入墓地等,用语言等故意伤害他人
宗教信仰,危害基于宗教对团结或和谐的维护导致不和、分裂、敌
对情绪、仇恨、恶意、或偏见产生等。其次,宗教伦理道德上升为国
家法律。在刑法典中,一方面,唱诵淫秽歌曲、堕胎、乱伦、通奸、诬
告贞洁行为等被列为犯罪,予以严惩;另一方面,根据"亲亲得相首

---

① 范若兰:《伊斯兰教与东南亚现代化进程》,中国社会科学出版社 2009
年版,第 311~312 页。

匿",丈夫或妻子窝藏配偶的行为,不构成包庇罪、窝藏罪、包庇逃兵罪。最后,刑罚带有穆斯林习惯法特色。对实施暴力犯罪或采取暴力手段实施犯罪的人处以鞭刑,大量罪名的刑罚存在被施以鞭刑的可能。[①]

　　州层面的刑事宗教法实践走得更快。早在 1993 年,吉兰丹州立法议会通过"沙里亚刑事法法案",要求在该州施行伊斯兰教刑事法。该法以真主的名义对六种违反宗教道德的"大罪""重罪"实施惩罚。这六种犯罪行为是偷窃、抢劫、通奸、诬告通奸、酗酒和叛教,相应的惩罚按照《古兰经》的明文规定,采用"固定刑",而不是法官灵活裁决的"酌定刑",并规定了严厉的刑罚,如鞭刑。这部法律最后由于受到联邦政府法律的严格限制而无法付诸实施,但引起了马来西亚社会舆论的密切关注,在现代法制社会如何对待传统宗教文化问题。[②]

　　普通法的形式加上东方宗教的内容,是马来西亚宗教法律化的有效途径。传统宗教在法律的改造下,焕发出新的活力。那么,是不是完善法律体规,健全司法机构,提高法官素质,一切就没问题了? 宗教和法制的意义都顺理成章地实现了呢? 当然不是。即使是在现代法制最发达的西方国家,仍然存在诸如犯罪问题、环境问题、教育问题、经济问题、贪污问题等难题。症结在人们把法视作自己不得不遵守的,在国家强权的威慑下被迫接受的,内心并不加以认可。一位伟大的法学家说过"法律必须被信仰,否则它将形

---

　　① 曾粤兴主编:《马来西亚刑法》,杨振发译,中国政法大学出版社 2014 年版,第 2~4 页。

　　② 贺圣达:《东南亚伊斯兰教与当代政治》,中国书籍出版社 2010 年版,第 239~241 页。

同虚设"。① 因此,宗教的极端法制化不可取,先不提宗教的意识属性,很难将神秘、琐碎的宗教要素完全公开并囊括于法,即便费劲全力做到了,收效也不理想。心理学研究证明,在确保遵守规则方面,其他因素如信任、公正、信实性和归属感等远较强制力重要。正是在受到信任因此而不要求强力制裁的时候,法律才是有效率的;依法统治者无须处处都仰赖警察。②

信仰、直觉、献身正是宗教的核心所在,宗教法制化不仅要做到信条和仪式的规则化,更重要的是将人们对终极意义和生活目的的集体关切化作解决纠纷、创造合作关系的动力。法律赋予宗教以其社会性,宗教则给予法律以其精神、方向和法律获得尊敬所需要的神圣性。在法律与宗教彼此分离的地方,法律很容易退化成僵死的法条,宗教则易于变为狂信。③ 在马来西亚,穆斯林的世界、儒教的传统、印度教的习惯等若能在司法中被予以尊重,保留宗教中有益的、合乎逻辑的部分,有益的标准是什么? 即维护国家的共同信仰,这个信仰就是社会稳定、民族团结、生活富裕。凡是符合此信仰的宗教因素,法制化的过程就应当予以保留,反之,则必须舍弃。

在马来西亚,宗教法不是现在才出现的,从古代的教法合一,外来法律的自然迁移,到近代对西方法律要素的借用、西方法制的影响,再到当代,大量西方法律的移植与仿效法模式。④ 宗教法律

---

① 〔美〕伯尔曼:《法律与宗教》,梁治平译,中国政法大学出版社 2002 年版,第 12 页。

② 〔美〕伯尔曼:《法律与宗教》,梁治平译,中国政法大学出版社 2002 年版,第 17 页。

③ 〔美〕伯尔曼:《法律与宗教》,梁治平译,中国政法大学出版社 2002 年版,第 12 页。

④ 万亿:《东南亚国家法律移植过程的特点》,载《东南亚纵横》1993 年第 1 期,第 52～57 页。

化呈现出被动到主动、局部到整体的发展过程,这个过程还将延续下去。未来宗教法律化的演进:一是国际化水平提升,法律规定与运作更易于与国际接轨,对宗教的处理方式会更文明、温和;二是法律与宗教共同具有的要素:仪式、传统、权威、普遍性,①这四点将被大力弘扬,逐步带动社会文化的全面进步。

三、马来西亚的恐怖主义因素及治理

在国际反恐力量的围剿下,"伊斯兰国"(IS)的势头仍然不减,甚至出现向全球扩散的态势。马来西亚也出现了震惊全国的恐怖活动,在马来西亚沙巴州发生多起绑架并残忍杀害人质事件,多名马来西亚国防卫队成员涉嫌支持"伊斯兰国"恐怖组织被扣捕调查,这些人中包括军人、警察和公务员。马来西亚时任国防部长希山慕丁强调,"伊斯兰国"对马来西亚及东盟的威胁是真实且可怕的,②目前东盟十国皆严防"伊斯兰国"恐怖组织入侵本地区。恐怖问题已经威胁到马来西亚的国家安全和社会秩序,打击恐怖主义是马来西亚的艰巨任务。马来西亚的国内外长期存在着恐怖主义因素,这些因素随时可能在外界诱因下激化,爆发恐怖事件。如何清理并弱化恐怖因素,治理恐怖问题,至关重要。

因素一,伊斯兰文化易被恐怖势力所绑架。"伊斯兰国"主张恐怖主义和宗教激进主义,其主要领导人均为伊斯兰教逊尼派,而马来西亚超过半数的穆斯林人口也是伊斯兰教逊尼派,并且分布广泛。每年马来西亚有大批学生留学埃及,进行回教研究与学习,而埃及的极端伊斯兰势力活动猖獗,在大批相同教派的人员交流

---

① [美]伯尔曼:《法律与宗教》,梁治平译,中国政法大学出版社 2002 年版,第 13 页。

② http://www.chinanews.com/mil/2015/02-28/7088685.shtml.

中,最容易受到恐怖主义思想的影响,并将恐怖主义思想带回马来西亚国内。据马来西亚向全球公开的数据显示,自 2013 年以来,马来西亚政府共逮捕 122 名恐怖分子,这些恐怖分子或是加入了"伊斯兰国"后,回到马来西亚时被抓捕,或是在试图离开马来西亚时被抓捕,[1]马来西亚的反恐形势不容乐观。

马来西亚的执政党巫统虽然信仰伊斯兰教,但已经旗帜鲜明地与"伊斯兰国"划清界限,大力打击"伊斯兰国"对马来西亚的渗透,然而,回教党对"伊斯兰国"的态度却没有那么明确。在皮尤研究中心的一项关于马来西亚穆斯林对"伊斯兰国"的态度民意调查中,有 67% 受访者对该组织持反对态度,另外有 21% 受访者没有明确表态。[2] 共同信仰所带来的文化共鸣与宽容,让许多马来西亚穆斯林对恐怖势力的反对没有那么坚决,而"伊斯兰国"更是利用这一点,不断在社交网站号召穆斯林加入"圣战"。

国外恐怖势力对马来西亚的侵蚀正在加深,甚至爆发激烈的冲突。一个对外号称"苏禄苏丹和北婆罗洲王国"的组织(该组织已宣誓效忠"伊斯兰国"),在 2013 年 3 月突然出动了约 200 名"苏禄王朝皇家安全部队",从菲律宾南部入侵沙巴,声称要夺回自己曾经的领土。虽然这支平日盘踞在菲律宾南部的部队很快被马来西亚军警击溃,但有关这一区域的复杂局势被进一步激化,各种不受菲律宾政府控制的武装仍然随意地袭扰沙巴。据《新海峡时报》称,以"伊斯兰国"为首的恐怖组织的终极目标是要设立包括马来西亚、印度尼西亚、新加坡、泰南、菲南在内的伊斯兰群岛或所谓的"超级伊斯兰国",从而与目前肆虐于中东、北非、西亚的"伊斯兰

---

[1] 《马来西亚大学加强反恐教育 防止恐怖主义渗透》,环球网,http://m.sohu.com/n/433541436。

[2] 《马来西亚大学加强反恐教育 防止恐怖主义渗透》,环球网,http://m.sohu.com/n/433541436。

国"遥相呼应。马来西亚当局如果不采取有力的应对措施,国内外的恐怖因素可能会里外呼应,恐怖问题将会愈演愈烈。

因素二,社会不满情绪在支柱产业受挫、政局动荡下蔓延。采掘业是马来西亚的支柱产业,2014 年,矿物燃料、矿物油及其蒸馏产品等位居马来西亚十大贸易商品第二位,给马来西亚带来了160 多亿美元的外汇收入。但是,采掘业以小型和中型企业为主,这些中小企业在整个产业链中处于最低端,产品附加值低,生产规模较小,企业没有足够的资金和动力来进行产业的升级换代,但该行业的工资水平却高于全体中小企业平均工资的 25％,①因而,采掘业吸引了大量的从业人员。在巨大的经济利益和社会收益下,采掘业对从业人员和周边环境的隐患一直被忽略,直到重大环境污染事故和重大安全责任事故的涌现,马来西亚当局才不得不采取应对措施,关闭采矿采石场及产品加工厂。失业问题随之而来,失业工人大多是没有特殊技能的下层普通民众,利益受损使他们对马来西亚政府自 2010 年以来推行的经济转型计划不满,很容易成为恐怖势力争取的对象;财税减少也不可避免,公务人员的待遇降低,出现了公务人员涉恐的案件。

媒体《华尔街日报》对马来西亚时任总理涉贪的指控,更引发"政治海啸"。时任总理纳吉布改组内阁,原副总理等六名要员被撤职。事件继续发酵,2015 年马来西亚国庆节前的周末,数万黄衫示威者,连续两天游行集会,要求纳吉布辞职,他们沿途高喊口号,主张廉洁政府和干净选举,抱怨物价飞涨、经济增长放缓以及货币贬值。纳吉布面临就任 6 年来最大的信任危机,政府实施的"一个马来西亚"计划遭遇了经济、政治的双重压力,在野党趁机大

---

① 　Trade Statistics（International Trade Centre）,October 2015,http://www.intracen.org.

做文章，诟病政府的执政能力，巫统内部马哈蒂尔也进一步逼宫。民众在这样混乱的局势下，不知何去何从，国家信仰出现了松动。如果纳吉布不采取有力措施，重拾民众的国家信仰，伊斯兰极端信仰就会乘虚而入。

恐怖主义是"来自下层的社会控制"，它是不满的一种类型，不满往往是长期的并充满政治色彩。在社会空间中，对于目标政府，恐怖主义往往是身体上接近而社会上（或文化上）远离。[①] 因此，只有当马来西亚民众发自内心地信任并支持政府，恐怖主义才会失去成长的土壤。如何消除民众的疑虑，重建信任，是打击恐怖主义的必解之题。

但是，马来西亚是一个经历过大动荡的国家。执政党从其掌权起就不得不面对纷繁复杂的矛盾，所幸历任总理的个人能力都非常强。所以，尽管困难重重，政府治理恐怖主义的决心仍然坚定，全社会控制恐怖主义的大网逐步铺开。

社会学家詹姆斯·克里斯把社会控制分为三种类型（法律控制、非正式控制、医学控制），那么，马来西亚的反恐措施是否也应从以下这三个方面发力，恐怖主义能否治理？

第一，宗教的非正式控制与善治相得益彰。宗教是社会非正式控制的最强力量，马来西亚是一个以伊斯兰教为国教的世俗国家，多元宗教并存，不同的宗教是不同族群的主要信仰，宗教的分界也代表族群的界限。在国家中，族群利益的集中代理人表现为政党，族群性政党（往往同时也是宗教性政党）成为本族群社会化的中介，宗教性政党通过对宗教信念、群体权益的承诺获得各自信

---

① ［美］霍姆斯·克里斯：《社会控制》，纳雪沙译，电子工业出版社 2012 年版，第 162 页。

众的支持,维护着马来亚早期社会的机械团结①。马来西亚现代社会,社会团结的来源虽然由集体良知转移为劳动分工与法律,社会的焦点也由群体转向个人,族群性政党(宗教性政党)的社会控制张力依然不减,它们直接或间接参政,左右或施压于国家政策、法律,帮助党员实现个体的繁荣,所以还是能获得信众的广泛支持,族群性政党在马来西亚政坛举足轻重。

　　由于肆虐的伊斯兰极端势力,与马来西亚穆斯林的信仰最为接近,后者最易受到前者的影响,故我们将目光集中到穆斯林党派上,看他们如何应对恐怖主义。在马来西亚,代表穆斯林利益的党派主要是当时的执政党巫统和在野党的回教党。两党现在虽然不在同一战壕,但恐怖主义的入侵,催化两党搁置分歧、团结反恐。当时的反对党联盟(人民阵线)内部政治分歧的僵化导致回教党的退出,巫统抓住时机伸出橄榄枝,纳吉布与回教党领袖哈迪实现会晤。执政党加紧"拉拢"这位伊斯兰兄弟,促进双方的"友好",可能会加深国家的伊斯兰化程度,不过只要守住世俗国家的底线,还是利大于弊的,可以阻止境外伊斯兰极端势力利用在野党荼毒民众。教徒对宗教组织及其领袖的虔诚与膜拜是马来西亚世俗社会中不可撼动的凝聚力量,教规与伦理控制了教徒生活的很大部分,宗教领袖的言行引导着教徒。代表温和伊斯兰的巫统与代表保守伊斯兰的回教党再度联手,释放出马来西亚国内伊斯兰主要教派的团结信号。组织间都沟通言和了,各自的党员与信徒们还会反其道而行吗? 根据社会学群体遵从效应,群体越大,遵从效应越明显。应用到反恐上,在马来西亚穆斯林团结大局下,反恐的非正式控制力量变得更大,并且更加持久。相信境外伊斯兰极端势力,会越发

---

　　① 迪尔凯姆认为人类社会的形态经历了两个阶段,早期原始社会以机械团结为特点,晚期现代社会以有机团结为特点。

孤掌难鸣。

治理强调的是政府国家与公民社会的合作、互信、和睦。除了发挥党派的作用外,公民组织在反恐中扮演的角色也日益重要。马来西亚公民组织虽然拒绝西方式的民主,但它们试图扩大市民社会组织能够活动的有限政治空间。公民组织对公共议题表达出更高的关注,追求民主化及社会公平,并采取必要的行动,包括动员、发表声明、举办教育论坛或座谈等。马来西亚的大量非穆斯林族裔有力助推着公民社会,他们追求的公民社会与伊斯兰恐怖主义是水火不容的,国家政府的反恐目标与公民社会的民主理想归根到底是一致的,华人、印度人等少数族裔自觉支持政府的反恐措施也是情理之中的事情。不仅如此,开明的马来族裔也对公民组织予以支持和响应,因为全世界正在发生一场“协会革命”①,顺应世界大趋势才是明智的。公民与政府的协同合作,大大改善了发展中国家的经济生活和政治生态,反恐成为善治的当然之义。

第二,反恐立法加强法律控制并推动治理型社会。从殖民地时期到独立后,马来西亚的刑事法律体系不断完善,《刑法典》中关于“恐怖主义有关犯罪”的规定奠定了马来西亚反恐法律的基础,现行《刑法典》(包括刑法修正案)的条文细致具体,对恐怖活动的相关概念、类型、处罚等作出界定。《刑法典》的反恐立法有两个特点:(1)恐怖主义行为本身的立法模式采用概括式与列举式相结合的方式,恐怖主义罪部分吸收危害国家安全罪、危害公共安全罪。减少罪名间的真空地带,不让恐怖分子有漏网之机。《刑法典》第130 条 B(3)款将涉及侵害国家安全或公共安全的行为或威胁都纳入恐怖主义有关犯罪,恐怖主义罪成为兜底罪名。另外,部分程度上将原《内安法令》关于国家安全保护的刑法规范通过法典化的

---

① 　俞可平编:《治理与善治》,社会科学文献出版社 2000 年版,第 295 页。

形式,在《刑法典》中统一规定,增强了刑法典的完整性及效力的合法性。[①]《刑法典》第130条B(4)款将宣言、抗议、反对、罢工行为或威胁纳入恐怖主义有关犯罪,且不论其主观意图。《刑法典》第130条B(2)款将为了实现政治、宗教或者意识形态目的所实施的行为或威胁视为"恐怖活动"。立法者将恐怖主义犯罪做了扩大解释,一方面加强了马来西亚社会控制中的法律控制,另一方面也加大对意识形态异议者的打击力度。(2)对恐怖主义的帮助行为采用列举式规定,免伤无辜,但单位犯罪从严惩处。针对恐怖主义犯罪的集团犯罪特点,哪些行为是给恐怖犯罪提供帮助的被明确下来,这些行为才可以适用"恐怖主义有关犯罪"的规定,避免恐怖分子的帽子随意扣在恐怖分子之外的人头上。不过,对单位为恐怖活动提供资助的行为,却加重单位实际管理人或者控制人的违法风险,让他们自己承担举证责任,只有当他们证明完全与自己无关时才能免责。民法上的过错推定责任被刑法借用,意在加大单位当家人的注意义务,加重单位恐怖资助行为的违法惩罚力度,体现了马来西亚立法者的权责一致理念。

除了《刑法典》,马来西亚还生效了多部涉及反恐内容的法律。2015年,由于国内外恐怖活动的频繁,国会加快了反恐立法的步伐,《反恐法》《对抗国外恐怖主义特别措施》横空出世,并通过《预防犯罪法》《安全罪行特别措施》的新修正案。法律控制的基础被加强,这些法律赋予刑事司法机关更大的反恐权力,比如:可以不经指控或审判对犯罪嫌疑人无限期拘留;马来西亚政府以联合国反恐罪犯黑名单为依据,但马来西亚有自行评估权,不会完全以国外的判断为依据;建立健全马来西亚警方的情报系统,与国际刑警

---

① 曾粤兴主编:《马来西亚刑法》,杨振发译,中国政法大学出版社2014年版,第5页。

组织等增加联系。不过,上述新法律有两个问题值得思考:

问题一,司法系统的主动性增强,法律控制的网络扩大。很多人担心人权、公平的受损风险会增加,真会这样吗? 新法开始尝试覆盖全体国民的监控,传统犯罪司法系统的控制回应模式被改变①,对疑似恐怖分子主动出击,在事态严重之前努力阻止不良后果,可拘禁的门槛变低,更多的人因此被推进刑事司法系统。对恐怖问题,新法在效率和公平(正义)之间优先了效率,这符合法律价值冲突解决原则吗? 我们来设想一下,如果为了保护嫌疑人的人权就被动等待,直到他们实施恐怖行为或被民众举报,才采取行动,行动的滞后可能使局面难以控制,久而久之,公民将丧失对公共场所的信心,从而最终导致公民社会的崩溃或瓦解,正义也不复存在。所以,当法律发生价值冲突时,应根据对象的状况,综合考虑做出选择。价值位阶原则对恐怖主义立法不宜适用,只能选择比例原则。不过,当效率的实现必须以少数恐怖嫌疑分子的公平为代价时,也应当使被损害的公平减低到最小限度。可喜的是,我们在新法中也看到了司法机关的相互制约、司法程序对被羁押人的保护、司法权力的限制等,这些规定构成嫌疑人人权保护的最后一道防线,基本上满足了比例原则的要求。因此,实施新法的社会效果是值得期待的。

问题二,恐怖主义是一种全球现象,应该如何治理? 由于当今的恐怖主义超越了对时间和地点的传统理解,成功的反恐措施也必须是全球性的。马来西亚以更积极的态度与世界共同反恐:马来西亚呼吁与菲律宾加强地区反恐合作,还加入了由沙特阿拉伯主导的"34国联盟",共同打击恐怖主义。马来西亚时任国防部长希山慕丁表示,"34国联盟与东盟10国反恐的合作模式相同,因

---

① 即当市民强烈感到必须提出投诉或报案时,警察回应大部分犯罪。

此,打击恐怖组织并非难事"。政府的反恐信心满满,不过,肃清恐怖主义,不仅靠打击,还要靠治理。笔者认为福柯的全景敞式监狱①对恐怖治理很有意义。福柯认为"全景敞式监狱实现了对个体的全面监视和类别区划,权力与人分离,权力运行的效率提高,时时都有监督,处处都是'监狱'。全景敞式监狱把惩罚程序变为教养技术,监狱群岛把这一技术从刑罚机构扩散到整个社会机体"。② 在该模式下,刑事司法系统(监狱群岛所象征的)将全社会置于监控中,权力被分散到社会每个角落,惩戒机制也散布于社会中。因为监控普遍化,人们被迫调整思想与行为以免被惩罚,慢慢地控制准则内化,"我不反对监视,因为我没什么可隐瞒的"会成为社会文化的一部分,自我治理产生,社会治理性条件具备,③那么到时候,对恐怖犯罪、经济犯罪等大部分的违法行为,会被警察公民(即表现得像警察一样的全体公民)予以监督,违法行为将无处遁形,诸多社会问题也迎刃而解。针对恐怖主义的国际化特点,我们可以把福柯的全景敞式监狱扩大理解,每个国家看作个人,全世界看成社会,当每个国家都表现出执法工作者的特点、倾向、心态时,何愁恐怖主义难题不破。在全景敞式监狱下,法律控制背后的正式惩罚充其量只是备用品和权宜之计,社会治理性促使法律控制向非正式控制转变,当然这是漫长的过程。恐怖主义本来就是

---

① 20 世纪法国社会思想家福柯在边沁"圆形监狱"的基础上演绎而成。监狱的四周是一个环形建筑,囚犯分别住在其中被分割的囚室里,监狱的中心是一座眺望塔,极少数的监督人可以眺望到每间囚室里囚犯的一切活动,由于逆光设计,囚犯看不到监督人,囚犯因此惶惶不敢造次,监督人也处于上司的视线之中。

② Foucault, *Discipline and Punish : The Birth of the Prison*, trans. A Sheridan, New York, 1977, pp.204-228.

③ [美]霍姆斯·克里斯:《社会控制》,纳雪沙译,电子工业出版社 2012 年版,第 92～93 页。

长期困扰人类的毒瘤,长期的任务需要长期的努力是合情合理的,治理型社会的诞生注定了恐怖主义的失败下场。

第三,"恐怖分子有病吗"引发的医学控制思考与治理思想。西方最早开启个人和社会问题医学化研究,并进一步发展为个人和社会问题的公共卫生化。犯罪或越轨行为都被当作疾病,加以预防、诊断、治疗。许多国家通过借鉴应对公共卫生事件的方法,处理公共安全问题,维护了社会秩序。医学(公共卫生)控制与法律控制相比,前者侧重于恢复,后者强调惩罚。不过,医学(公共卫生)方法对丧心病狂的恐怖分子是否有效,特别是在马来西亚行得通否?

虽然现实以及部分研究显示,恐怖分子可能存在一些精神病态的行为特点或心理特征,但是迄今为止,普遍的研究成果显示,恐怖分子遵循的行为与心理规律与常人并没有太大区别,那种简单地将恐怖分子全体打入精神病患者或心理变态者队列的做法并不是科学的态度。但是,必须充分意识到恐怖分子作为一种特殊性质的行为主体,其个性心理也可能存在一些特殊性(或变态性),即仇恨心理、冷酷心理、狂热心理,这是三大重要非常性或变态性心理特征。根据哲学,矛盾的普遍性与矛盾的特殊性在一定条件下可以相互转化。因此,适当地介入医学手段,对降低恐怖主义行为还是有帮助的。具体而言,通过对全体居民或存在风险的部分居民例行监控,收集数据以弄清哪些因素与恐怖主义意识、行为有关,并根据这些数据执行干预以减少或消除恐怖主义意识、行为引起的社会危害。如果医学控制系统所需要的医院、卫生行政机关、教育机构中的医疗部门、教会组织、社区医疗机构等协同发力,将开辟一套新的反恐模式,而且这套模式对马来西亚很适合。据世界发展指标的统计,中青年为马来西亚人口的主体。反恐如果公共卫生化,有利于挽救失足的年轻人,在经过确诊、心理干预、药物

治疗等措施后,他们会康复(即放弃恐怖主义意识、行为),而不是被贴上恐怖分子的标签,无法回头,因而,社会的对立与不满情绪也会随之下降。医学控制虽然有效,但操作起来也有困难,特别是经费问题。在"健康马来西亚"计划下,马来西亚卫生部制定了逐年降低政府医疗支出的计划,并鼓励民众动用公积金,购买私人保险公司的健康保险。① 在这种情形下,如果能将医学(公共卫生)控制纳入其中,将在一定程度上解决医学控制的经费难题,对买不起保险的贫困人群,通过公共医疗体系加以救济。

上面所描述的医学(公共卫生)控制及其运作也是与治理思想相符的。治理思想强调国家采取垄断行动能力的相对下降,私营部门和机构对各级国家行为的干预,以及市场模式的重要性。② 运用治理,才能解决现代政府的管理危机,解决现代社会复杂而棘手的问题,这其中也当然包括恐怖问题。

对恐怖主义,军事打击、武力镇压被实践证明是不够的,"野火烧不尽,春风吹又生",反而招致恐怖组织更加疯狂的报复。解决的思路只能是"疏",而不是"堵","疏"要求找到恐怖问题出现的根源,当然每个国家可能会有差异,如马来西亚的易恐因素主要集中在宗教、经济、政治等方面。那么,是不是采取措施把这些易恐因素逐一减弱,便可高枕无忧呢? 当然不是,易恐因素只是社会控制中的主要矛盾,还存在大量次要矛盾,这些次要矛盾也可能在一定条件下转化为主要矛盾,成为新的易恐因素。笔者认为应将恐怖治理融入国家治理和社会治理之中,借鉴社会控制的方法和治理的理论,构建治理型社会,这种社会具有更高的自我调适和自身改造功能,国家与社会的关系更为融洽。

---

① 马燕冰、张学刚、骆永昆:《马来西亚》,社会科学文献出版社 2011 年版,第 412~413 页。

② 俞可平编:《治理与善治》,社会科学文献出版社 2000 年版,第 121 页。

第二节　文化全球化对马来西亚法律文化的影响 ❀ ❀ ❀

当今世界上各个国家的联系与依存比以往任何时候都要高。"地球村"带来了文化全球化。文化全球化意味着不同国家、不同民族在跨国界的文化交流、文化交往等实践基础上,通过与其他国家和民族在文化价值观念、文化模式等方面的冲突、磨合与整合,建构新的文化关系、文化模式。在文化全球化的过程中,法律观念、法律制度、法律器物都在经历整合与重组的过程。马来西亚的法律文化全球化的浪潮中如何保持和延续自身的法律文化对马来西亚的国家文化安全至关重要。

有些人担心文化全球化会产生马来西亚法律文化的西方化,或者法律文化的同质化。表面看来,似乎确是如此,唯事实并不尽然。

2009 年,天主教周刊《先驱报》只有在限定的条件下才能依照《印刷出版法》被授予许可证,这个限定条件就是在其出版物中不得使用"阿拉"一词描述基督教或天主教的上帝。《先驱报》挑战此限定条件,将政府告上法院,认为此举侵害了宗教信仰自由的宪法权利,且出版物中已经公开表述其读者只针对基督教或天主教徒,因而没有违反宪法向穆斯林传教,不需要州立法的规制。吉隆坡高庭裁决《先驱报》可使用"阿拉"字眼,并宣判内长和政府早前的禁止决定"不合法及无效"。2010 年 1 月,内政部就此事正式提出上诉,各政党及政治团体纷纷发表言论,全国多地多次发生攻击教堂事件。2010 年 1 月 14 日,雪兰莪、彭亨、吉打、柔佛、马六甲、丁加

奴、森美兰共十个州,相继宣称执行《控制及限制非回教宗教发展法令》,以禁止各自州属的非伊斯兰教徒使用"阿拉"字眼。霹雳、吉兰丹和玻璃市则拟好法令,并将在宪报颁布。吉隆坡、槟城、沙巴及沙捞越则尚未制定相关法令。同年2月11日的统治者会议,要求立即解决"阿拉"字眼风波,否则它将破坏回教的神圣性,甚至可能威胁公共安全与秩序。① 为了定分止争,2011年内阁针对"阿拉"字眼问题,通过"十点方案",阐明东马获准自由进口或印刷含有"阿拉"字眼的马来文版圣经,而西马使用的马来文版圣经封面必须印有十字架及"只供基督教徒"的字眼。政府致力于跟基督教等宗教团体合作解决跨宗教课题,同时根据宪法,以及考虑其他的国家法令来实现所有宗教的期待。2013年10月,上诉法院裁决《先驱报》禁用"阿拉"字眼。雪州苏丹殿下于2013年11月发出的谕令、其后吉打苏丹的御词,皆禁止非伊斯兰教徒使用"阿拉"字眼。看似事件将得以平息,谁知一波未平,一波又起。2014年雪兰莪州宗教局突击天主教会及充公马来文版圣经,再次引发公众抗议政府违反"十点方案"。

马来西亚首相纳吉布对此首次发表明确立场:"巫统最高理事会注意到内阁过去所同意的十点方案,但这十点方案必须符合联邦宪法及各州属的法律。"这意味着一旦相关州属拥有类似法令(禁止非伊斯兰教徒使用"阿拉"方案字眼),十点方案需受制于这些州属的法令。雪兰莪州已经执行《控制及限制非回教宗教发展法令》,该宗教局的行为当属合法。

之后,上诉法院推翻了高等法院的判决,同时提出以下的

---

① [马]诺拉妮·奥托曼等:《一个马来西亚,两种社会契约?》,李永杰译,马来西亚永联印务2010年版,第99～104页。

判决根据:"禁止马来文版《先锋报》采用'阿拉'字眼(即翻译自英文的'God'或'神'),并不会阻止基督徒履行宗教义务。因此,有关决定没有违反联邦宪法中赋予人民信仰自由的第11条文……'十点方案'允许马来西亚半岛的基督徒有条件地使用多语文圣经。内政部长是在《1984年印刷媒体和出版法令》下行使酌情权,禁止《先锋报》采用'阿拉'字眼,以维护公共秩序和安全。再说,不少人指出,《先锋报》可广泛流传,也可因此成为传教工具……我们需要为伊斯兰教徒和基督徒寻找一套双赢方案,而不完全损及任何一方,毕竟我们在乎伊斯兰教徒的感受,同时也关心基督徒和非伊斯兰教徒。我们必须承认,许多沙巴和沙捞越居民的本土语文皆有采用'阿拉'字眼。"①

　　再后来,马来西亚天主教会再次上诉请求允许《先锋报》使用"阿拉"一词来称呼天主,这起上诉案件于2015年元月21日遭该国联邦法院驳回。马来西亚天主教周刊《先锋报》卷入这起争议案件多年,最新的判决或许使这个案件的法律途径就此结束。联邦法院的五名法官一致否决了任何采取进一步法律行动的可能性,因为先前各级别法院的审判"并无程序过失"。

从"阿拉"用语事件,我们看到:马来西亚的法律文化已经采纳了世界主流的形式,体现在诉讼程序、法的实施等诸多方面,然而在法律文化的内容中依然顽强捍卫其本土性和民族性,如伊斯兰教的权威地位不容动摇、东马与西马在法的实施各环节的差别对待等。为了进一步说明,马来西亚法律文化的形式与内容的关系,

---

① 笔者译,原文参见 http://www.malaysiaeconomy.net/OneMalaysia/id53789/id5998/2014−02−24/28326.html.

两者如何共生、发展，笔者将从以下三个方面展开。

第一，文化全球化下，马来西亚法律文化保持着传承性、加大着挑战性。法律文化是文化的一部分，加之语言的共鸣性，必然发生传承与继承的现象。一般来说，即使全球的人类在物质、政治经济制度上呈现出高度的趋同性，但是在精神与内心深处，追求建立在各种微妙基础上的趋异冲动依然不会改变，大部分人毕竟还是植根于本土的。同时，法律文化是特殊的文化，与大部分的民族民主国家一样，马来西亚的法律文化还受到国家主权的保护。上述案件中，没有因为文化全球化，伊斯兰教徒就降低了对其他异质宗教的戒备，宗教领袖（也就是大多数州的统治者）也支持州立法与执法部门采取行动。中央政府发声强调合法与协调。终于，联邦法院以国家的权威定分止争。继承多元法律文化，也包括了它们的冲突。现在，文化的传播比以往任何时候都要方便、快速，这开拓了人们的文化视野，也加大了法律文化维护社会秩序、保障公正与民主的难度。当马来西亚社会中出现矛盾，人们往往求助于法律，确认权利义务关系。上述案件中的社会秩序受到威胁，立法、司法、执法相继采取行动，但还是产生了一些社会动荡。如何在威胁社会秩序的因素造成严重后果前，完善法律的运作过程，实现社会控制，值得我们深思。

第二，包容与温和的精神是马来西亚法律文化的核心理念。基于东马与西马法律文化的差异，须有区别地执法，允许回教文化与其他宗教文化并行不悖。回教是马来亚联邦的官方宗教，却不是沙巴和沙捞越州的官方宗教。由于最后敲定的《马来西亚协议》没有纳入相关条文，而沙巴和沙捞越也没有类似马来西亚半岛的州回教法律，所以，中央政府和东马州政府一致认为，沙巴和沙捞越的多语文圣经不应附带马来西亚半岛的条件。马来西亚半岛以伊斯兰教徒居多，而半岛州属也有控制和阻止他人向伊斯兰教徒宣传非回教信仰的州回教法律。我们必须照顾伊斯兰教徒的感受，更何况马来西亚半岛的华裔、印裔和其他族群的基督徒并不常在英语或本身的用语中采用"阿拉"字眼。然而，大多数沙巴和沙捞越居民早在国家独立前，就已在母语中使用"阿拉"字眼，并一直沿用至今。多语文圣经也一直自由和广泛地流传，多年来都不曾受阻。

　　第三，文化全球化下，法律文化基本上与社会实现着共同发展。法律文化来自社会，是社会环境的产物，也会随着社会环境而改变。当今马来西亚社会的诸多方面正在发生着深刻的变化，如社会思想、社会阶层、社会组织等。法律思想、法律制度、法律器物怎样与之对接、互动才能降低不合拍的状况，值得深思。上述案件中，《先锋报》作为传媒，其传播方式除了传统的报纸外，更可能是电子期刊，其受众范围远远大于多语种圣经，且不可确定。在此情形下，法律文化唯有更加敏感地作出反应方能有效。马来西亚的法律器物（本案中的法律人、法律机关等）在调整中愈发维护着社会的整体利益；马来西亚的法律制度亦不断推陈出新，科学性与客观性都上了一个档次；法律观念虽不能一下改变，但联邦法院的"一锤定音"掀起的示范影响，会深入社会成员的思想，即尊重不同文化者的感情，维护族群团结与社会和谐的才是合法的。文化全球化促使马来西亚法律文化与国际接轨的程度加深。马来西亚正在加紧构建国际经济贸易法制体系，为适应国际经贸法规作出自我调整。国内公法与国内私法也采取各项措施更多地与世界接轨。马来西亚已经多次举行多国联合执法行动和国际司法协助行动，锻炼了与他国的法律联动能力。

　　我们是否应自我检讨，何以西方文明会成为显文明、优势文明？其因究竟何在？也许与西方文化与文明的多元性和开放性有关，至少纵观大多数西方文明的发达史，总是促进本土文化包容或

吸纳优秀外来文化。笔者认为,与其担心全球化致法律同质化,不如想方设法、发挥创意,让本土的尚有价值的法律文化以崭新方式加以发扬。易言之,应取西方之长补己之短。另外,全球化的过程可以依本国的国情有条件地、阶段性地实行,对文化全球化也可以在一定程度上加以管理。

第三节　政坛更迭的影响及应对 ❋ ❋ ❋

　　2018 年 5 月 10 日,马来西亚的大选结果令许多人意外,由前总理马哈蒂尔领导的反对党联盟赢得马来西亚大选,曾经担任总理 22 年的马哈蒂尔将重新执政。

　　马哈蒂尔是在民众长期呼吁社会改革的背景下上台的。前总理纳吉布执政期间,马来西亚的经济保持了较快的发展水平。然而,大部分民众认为社会的公平正义缺失,体制机制不明,民众没有发展的获得感,他们呼吁社会改革。社会的舆情通过选举来表达,尽管前执政当局据说在选举过程中采取了一些不光彩的措施,还是没能挡住汹涌的民意。民意所归除了前政府的不得民心,还有希望联盟的顺应民意。希望联盟作出一系列竞选承诺,通过反腐、民生和法治三张牌,包括百日新政、5 年 60 项承诺、5 大特别承诺。这些承诺回应民众祈愿,力图解决马来西亚的众多社会问题,重新建构马来西亚的新秩序。

　　既然希望联盟已经执掌国家权杖,那么,其执政期间恐怕会在马来西亚国内掀起旋风,促进马来西亚全方位的改革,法制改革也包含在内。马来西亚是中国"一带一路"倡议的重要节点,如何应对马来西亚的政坛变化带来的一系列变化对我国来说非常重要,可以从以下几点着力。

第一，马来西亚的国家安全和民族独立将被强化。马哈蒂尔是马来西亚独立后涌现出的杰出民族主义者，他本人亲身经历过马来西亚被殖民的历史，所以他的民族意识非常强，痛恨其他任何国家对马来西亚的主权加以干涉。马哈蒂尔重新执政后，暂停了中国在马来西亚的一些项目。输油管线项目和东海岸铁路项目涉及的投资额巨大，马政府将会背负中国许多的债务，且这些项目的利益回报周期往往很长。马哈蒂尔在 2018 年 8 月访问北京之后的联合记者会上正式宣布取消东海岸铁路项目和两个油气管线项目，并称这些工程协议和合同中有不平等条款，可能导致马来西亚破产。据此，中国如果要在马来西亚建设大型基建项目，需要与马方约定好马方对中国债务的偿还方式、数额、风险应对、周期等事宜，打消马方顾虑中方会干涉其主权的顾虑；协商好项目的收益方式，特别是收益要更多地惠及民生。既然马来西亚出现了执政党下台，现在的执政党希望联盟绝不会希望下次大选失去民心失去政权。

马哈蒂尔也表示东盟国家不应反华，批评美国挑衅中国。马哈蒂尔对事不对华，他务实、中立的执政理念将会秉持。一方面会支持有益华资进入，发展双方的经贸，另一方面对于有可能损害马来西亚利益的举措，无论来自哪个国家，都会说不。所以，中国今后与马方打交道时，需要更多了解当地的民情，而非只是执政当局，考虑项目的可行性论证与风险的防范。避免涉及马来西亚国内的族群矛盾，马来西亚华人与土著族群之间的问题应由他们自己去处理。充分利用"马哈蒂尔"声音，制衡美国的霸权主义和保护主义。

第二，加强对话沟通，顺应马来西亚围绕法治、民主、反腐的变革。马来西亚将以审理前总理纳吉布的贪腐案为契机，对司法制度进行改革。围绕纳吉布贪腐案的主审法官和主控检察官的合法

性问题,被马来西亚人持续关注。马哈蒂尔应当会顺应时势,加速马来西亚司法的制度化建设。同时,马哈蒂尔也承诺将限制总理的权力。当地不符合法治的行为在现代媒体面前愈发难以遁形。要与马来西亚发展稳定友好的关系,我国要培养熟悉当地文化与法律的人才,了解马来西亚国内的舆情动态,理顺中国文化与法律在当地的宣传机制,在遵守国际法与两国协议的前提下,尊重马来西亚国民对重大国家事宜的选择权。

马来西亚国家元老理事会可以成为中马对话的桥梁。马哈蒂尔当选后组建了由5位资深经济界人士组成的元老会,包括首富郭鹤年在内。此次马哈蒂尔访华前也是由元老会主席敦达因先行访华筹备,可见元老会在马哈蒂尔心中的分量。马哈蒂尔更表示"百日新政"到期后,元老会仍会存在。马哈蒂尔通过元老会加强对政治的操控,以弥补自己的政党土著团结党在国会议席数量上的弱势。中国可以通过经济、政治、民间、文化上的力量,加强与元老会的沟通,发挥好其马哈蒂尔智囊的带话作用。

马哈蒂尔毕竟年事已高,其继任者慕尤丁温和均衡的从政风格,使得短期内中马关系风云突变的可能性不大。不过,马来西亚的国内政治博弈仍然很激烈,马来西亚的执政者为了保有更多的选票,会集中力量解决国内问题,改革体制弊端,改善国内民生。如果中国能够回应马来西亚的国内需要,那么与马来西亚的交易风险将会降低许多。当然,中国恐怕需要更多的耐心,做更多的准备。虽有波折,中马合作双赢的大局不会改变。

第三,马来西亚将需要更多的惠及民生的外资项目。希望联盟以发展经济、解决民生、提高工薪、废除消费税作为竞选承诺,符合人民的期望。当选后,马哈蒂尔表示马来西亚欢迎中国的投资,只要这些投资对马来西亚"确实"有利。中国的高科技项目,如大数据、人工智能、先进制造、电子、商务、现代物流等,备受马哈蒂尔的重视。马哈蒂尔会将更多的精力放在马来西亚的国内,对外奉行平衡战略,以求得马来西亚国家利益最大化。

马哈蒂尔上台后兑现选举承诺,取消了所有人都要交的6%消费税,代之以特定行业和人群的10%销售税和6%服务税。中国在马来西亚的外贸业务成本将随之增加,中企在马来西亚盈利的难度将增大。降低成本、提升技术含量、了解遵守马来西亚的法规、加强项目的宣传等,亟待加强。增加项目的透明度,对马来西亚官员的贪腐行为不能放弃原则,与之同流。这样中资项目才能获得马来西亚人民的响应与接受,经得住时局变化的考验。

结　　语

　　当年殖民者几乎是把西方的法律价值、制度和法律实施方式强加给马来亚人民,接踵而来的更像是法律西化,也伴随着有限的法律现代化。独立后,在诸位首相的相继领导下,马来西亚(马来亚)有不同程度的尝试去引入或复兴当地法律元素,以抗拒外国特征,在法律语言、法学教育、法律文化、宗教法领域犹是,本土原乡的系统和价值逐渐被挖掘,法律现代化进程正以更高速和更大强度继续推进之,在各个法律领域带来积极的改变。当今,马来西亚的法治指标总体上较好。法律体系健全,执法效率较高,个人安全系数较好,犯罪率水平居中,破坏性的社会动荡发生的可能性很低。即使是在经济危机最严重时和安瓦尔事件期间,族群紧张气氛也没有发生。公众在教育、住房、卫生和交通等领域内的基本需求是连续几届政府关注的焦点。虽然成绩并非尽善尽美,但它在任何国际比较中都是令人赞许的。

　　马来西亚是一个多元族群、多元文化、多元宗教的社会。国家意识形态的通俗化表述是"族群、宗教、国家"。这种多样性塑造的马来西亚法律文化就像一块调色板,各族群的传统习惯、伊斯兰法律文化、中华法律文化、印度法律文化、西方法律文化共同调配出马来西亚独有的色彩。不同群体因受其自然社会环境以及特殊的历史经验的制约,遂在颇大程度与层面上累积构成其法律文化个性。中华法律文化崇尚礼治,农业文化和家族文化较为发达,法律价值体现出世俗与人本取向;印度法律文化重玄想与灵修,多样宗教并行不悖,宗教教义与习俗举足轻重,整体上宽容而略显消极;西方法律文化力主法治,民主、自由、平等的观念深入人心,民事商贸法律较先进;伊斯兰法律文化神权、教权为本,内容广泛,神圣而绝对,且研究问题方式烦琐,允许并立的立法和司法,同时倾向大众利益;传统习惯因族群、地区而异,几乎都是不成文的(沙捞越除外),与时俱进,但法院对习惯法的证明标准和应用模糊。实际上,若我们从教殊而道契、语隔而化通的角度透视各种法律文化的内涵,尤其是有关伦理道德方面的,或许会发现,彼此间的共同属性竟是那么大。举些实例,基督教的后五诫(敬父母、勿杀、勿盗、勿淫、勿贪他人所有、勿妄证等)与中华文化的五常(孝、仁、义、礼、智、信)相互对应,而《古兰经》里的训言,如"你们应当只崇拜真主,并当孝敬父母,和睦亲戚,怜悯孤儿,赈济贫民,对人说善言,谨守拜功,完纳天课"说的也正是同样的意思。可见,在论及多元文化社会的法律建设时,若把焦点集中于具有普遍性的伦理道德,而非教条性的争论,同时特别注重培养人民的是非观念、正义感、荣誉感、自律与公道观念,大多数人民方能对差异化的法律元素持宽容态度。从长远来看,这些理性的态度应是多元法律融合的基础,而人民的宽容态度使得融合更加恒常、更有效率。同时,个体主义与集体主义、特殊主义与普遍主义、国家与公民社会、本土化与全球化等,并非水火不容,而是视个人看法与处理手法而定的。

马来西亚的多元族群、东方文化、殖民影响等历史与现状,与中国有相似之处。我们通过研究多元社会文化背景下的马来西亚法律,分析马来西亚的成功法治经验,能够对我国法治的完善有些

许启发。在我国,族群的、宗教的、文化的、语文的多样性也是既存的事实,理性的做法是实事求是地认同这个实存现象,进而肯定与发扬之。面对社会上可能会出现的各种各样的不公歧视与反对,有必要允许多元文化教育的存在,使多样文化能够安然到位;教育人民和致力于推展各种社会运动,以便修改相关的法律与政策,进而使国家成为一个真正的求同存异的社会;通过共同接受一些普世性的理念与价值,如设置人权、民主理念与共识的程序,及"和而不同"的言行准则等,以作为"以理节情"的一种机制。

参考文献

一、中文部分

1. [英]艾伦·韦尔:《政党与政党制度》,谢峰译,北京大学出版社 2011 年版。

2. [美]伯尔曼:《法律与宗教》,梁治平译,中国政法大学出版社 2002 年版。

3. [美]布赖恩·Z.塔玛纳哈:《一般法理学:以法律与社会的关系为视角》,郑海平译,中国政法大学出版社 2012 年版。

4. 陈元中:《东南亚政治制度》,广西师范大学出版社 2012 年版。

5. 陈云生:《宪法学原理》,北京师范大学出版社 2009 年版。

6. 范若兰:《伊斯兰教与东南亚现代化进程》,中国社会科学出版社 2009 年版。

7. 郭星华:《法社会学教程》,中国人民大学出版社 2015 年版。

8. [瑞士]海蒂·穆纳:《马来西亚》,车宁薇译,旅游教育出版社 2008 年版。

9.韩大元:《比较宪法学》,高等教育出版社 2008 年版。

10.贺圣达:《东南亚文化发展史》,云南人民出版社 2010 年版。

11.贺圣达:《东南亚伊斯兰教与当代政治》,中国书籍出版社 2010 年版。

12.《马来西亚大学加强反恐教育　防止恐怖主义渗透》,环球网,http://m.sohu.com/n/433541436。

13.[英]D.G.E.霍尔:《东南亚史》,中山大学东南亚历史研究所译,商务印书馆 1982 年版。

14.黄文艺:《比较法:原理与应用》,高等教育出版社 2006 年版。

15.[美]霍姆斯·克里斯:《社会控制》,纳雪沙译,电子工业出版社 2012 年版。

16.姜丽萍:《中西法律思想源流解读》,黑龙江人民出版社 2006 年版。

17.[美]靳克斯:《英国法》,张季忻译,中国政法大学出版社 2007 年版。

18.卡比兰(K.Kabilan):《兴都权益大集会的真正英雄:三万名争权益不畏惧的群众》,马来西亚新闻网,http://www.malaysiakini.com/news/75323。

19.[美]劳伦·本顿:《法律与殖民文化:世界历史的法律体系(1400－1900)》,吕亚萍、周威译,清华大学出版社 2005 年版。

20.李栋:《英国法治的道路与经验》,中国社会科学出版社 2014 年版。

21.李瑜青等:《法律社会学经典论著评述》,上海大学出版社 2006 年版。

22.梁启超:《梁启超论宪法》,商务印书馆 2013 年版。

23.梁琴、钟德涛:《中外政党制度比较》,商务印书馆 2013年版。

24.梁英明、梁志明等:《东南亚近现代史》,昆仑出版社 2005年版。

25.梁志明、李谋、吴杰伟:《多元交汇共生——东南亚文明之路》,人民出版社 2011年版。

26.梁志明等编:《东南亚古代史》,北京大学出版社 2013年版。

27.[新]廖裕芳:《马来古典文学史》,张玉安等译,昆仑出版社2011年版。

28.刘本富:《浴火重生的东南亚各国》,台湾五南图书出版有限公司 2000年版。

29.刘作翔:《法律文化理论》,商务印书馆 1999年版。

30.罗圣荣:《马来西亚的印度人及其历史变迁》,中国社会科学出版社 2015年版。

31.[美]罗斯:《社会控制》,秦志勇等译,华夏出版社 1987年版。

32.[美]罗斯科·庞德:《通过法律的社会控制》,沈宗灵译,商务印书馆 1984年版。

33.马燕冰、张学刚、骆永昆:《马来西亚》,社会科学文献出版社 2011年版。

34.米健:《比较法学导论》,商务印书馆 2013年版。

35.米良:《东盟国家宪政制度研究》,云南大学出版社 2011年版。

36.[意]D.奈尔肯、[英]J.菲斯特编:《法律移植与法律文化》,高鸿钧等译,清华大学出版社 2006年版。

37.[新]尼古拉斯·塔林主编:《剑桥东南亚史》,云南人民出

版社 2003 年版。

38.[马]诺拉妮·奥托曼等:《一个马来西亚,两种社会契约?》,李永杰译,马来西亚永联印务 2010 年版。

39.彭勃:《英美法概论:法律文化与法律传统》,北京大学出版社 2011 年版。

40.祁希元:《马来西亚经济贸易法律指南》,中国法制出版社 2006 年版。

41.强世功:《法制与治理:国家转型中的法律》,中国政法大学出版社 2003 年版。

42.[马]赛·胡先·阿里:《马来人的问题与未来》,赖顺吉译,马来西亚永联印务 2010 年版。

43.舒国滢主编:《法理学阶梯》,清华大学出版社 2012 年版。

44.苏力:《法治及其本土资源》,中国政法大学出版社 1996 年版。

45.苏力:《制度是如何形成的》,北京大学出版社 2007 年版。

46.苏晓宏:《法理学原理》,法律出版社 2013 年版。

47.[马]孙和声:《华人文化述评——兼论东西文化、宗教与人生》,马来西亚永联印务 2007 年版。

48.[美]唐纳德·J.布莱克:《法律的运作行为》,唐越、苏力译,中国政法大学出版社 2002 年版。

49.[德]托马斯·莱塞尔:《法社会学导论》,高旭军等译,上海人民出版社 2012 年版。

50.万亿:《东南亚国家法律移植过程的特点》,载《东南亚纵横》1993 年第 1 期。

51.[马]王国璋:《风云五十年:马来西亚政党政治》,马来西亚永联印务 2007 年版。

52.王勤主编:《东南亚地区发展报告》,社会科学文献出版社

2012 年版。

53.王晓民主编:《世界各国议会全书》,世界知识出版社 2001 年版。

54.[澳]吴明安:《马来西亚司法制度》,张卫译,法律出版社 2011 年版。

55.许利平:《当代东南亚伊斯兰:发展与挑战》,时事出版社 2008 年版。

56.[新]许云樵:《马来亚史》,新加坡青年书局 2006 年版。

57.曾粤兴主编:《马来西亚刑法》,杨振发译,中国政法大学出版社 2014 年版。

58.余定邦:《东南亚近代史》,贵州人民出版社 2003 年版。

59.俞可平编:《治理与善治》,社会科学文献出版社 2000 年版。

60.袁益波:《英国刑法的犯罪论纲》,知识产权出版社 2007 年版。

61.[澳]约翰·芬斯顿:《东南亚政府与政治》,北京大学出版社 2007 年版。

62.张文山、李莉:《东盟国家检察制度研究》,人民出版社 2011 年版。

63.郑文泉、傅向红:《粘合与张力:当代马来西亚华人族群内关系》,马来西亚新纪元学院马来西亚族群研究中心 2009 年版。

64.周叶中:《代议制度比较研究》,商务印书馆 2014 年版。

65.朱景文主编:《法社会学》,中国人民大学出版社 2008 年版。

66.朱昔群:《当代世界政党制度:制度类型与运行机制的相关性研究》,载《当代世界与社会主义》2010 年第 5 期。

67.宋效峰:《历史合力作用下的马来西亚政党制度》,载《东南

亚南亚研究》2010 年第 3 期。

68.米良:《论马来西亚宪政制度的特点》,载《学术探索》2009年第 6 期。

69.胡亚丽:《海峡殖民地婚姻法立法考察(1867—1941 年)》,载《南洋问题研究》2013 年第 3 期。

70.苏亦工:《中法西用(中国传统法律及习惯在香港)》,社会科学文献出版社 2002 年版。

二、外文部分

1.Abdul Aziz Bari, *The Monarchy and the Constitution in Malaysia*, *Institute for Democracy and Economic Affairs Berhad*, Kuala Lumpur, Malaysia, 2013.

2.Abdul Aziz bin Mat Ton&Wheatley Paul&Sandhu Kernial Singh, *Melaka*, *the Transformation of a Malay Capital*, c.1400－1980, Oxford University Press, Kuala Lumpur, Malaysia, 1983.

3.Abdul Rahman Embong, *Social Science and Malaysia National Development*, Ampang Press Sdn.bhd, Kuala Lumpur, Malaysia, 2007.

4.Ahmad bin Mohamed Ibrahim, Pentadbiran Undang－undang Islam di Malaysia, Institut Kefahaman Islam Malaysia, Ipoh, Malaysia, 1997.

5.Andrew Beale, *Essential Constitutional Law*, Cavendish Publishing Limited, London, 1995.

6.Andrew Harding, *Law*, *Government and the Constitution in Malaysia*, Kluwer Law International, London, 1996.

7.Anwarul Yaqin, *Law and Society in Malaysia*, *International Law Book Services*, Kuala Lumpur, Malaysia, 1996.

8.Dato'KC Vohrah&Philip TN Koh&Peter SW Ling, *The Constitution of Malaysia*, Lexis Nexis, Malaysia, 2004.

9.Ed. Goran Collste, *Religious and Ethnic Pluralism in Malaysia*, Linkoping University Electronic Press, Sweden, 2006.

10.Farid Sufian Shuaib, *Sumber Undang-undang Malaysia:artikel terpilih*, Dewan

Bahasa dan Bustaka，Kuala Lumpur，Malaysia，2007.

11.G.W.Batholomew editting，*Malaya Law Review Legal Essays*，University of Singapore，Singapore，1975.

12.http://www. malaysiaeconomy. net/OneMalaysia/id53789/id5998/2014 − 02 − 24/28326.html.

13.http://www. parlimen. gov. my/bills − dewan − rakyat. html? uweb = dr&arkib = yes.

14.Ismail Hamid，*Masyarakat dan Budaya Melayu*，Dewan Bahasa dan Pustaka，Kuala Lumpur，1988.

15.K.A.Nilakanta Sastri，*The Beginnings of Intercourse Between India and China*，Delhi：Indian Historical Quarterly，ⅪⅤ，1938.

16.Maznah Mohamad，Wong Soak Koon，*Risking Malaysia：Culture，Politics and Identity*，Penerbit University Kebangsaan Malaysia，Selangor，Malaysia，2001.

17.Muhamaad Yusoff Hashim，*The Malay Sultanate of Malacca：A Study of Various Aspects of Malacca in the 15th and 16th Centuries in Malaysian History*，Dewan Bahasa dan Bustaka，Kuala Lumpur，Malaysia，1992.Publications，2001.

18.R.H. Hickling，*Malaysian Law：An Introduction to the Concept of Law in Malaysia*，Pelanduk.

19. Rau & Kumar，*General Principles of the Malaysian Legal System*，International Law Book Service，Malaysia，2006.

20. Roland ST. John Braddell，*The Law of the Straits Settlements − A Commentary*，Oxford University Press，Petaling Jaya，Malaysia，1982.

21.Salleh Buang，*Perlembagaan dan Pentadbiran ：isu kritikal*，Dewan Bahasa dan Bustaka，Kuala Lumpur，Malaysia，2007.

22.Shaari Isa，*Budaya X Budaya Y*，Aspirasi Warna Communications，Selangor，Malaysia，2010.

23.Shad Saleem Faruqi，*The Bedrock of Our Nation：Our Constitution*，Zubedy ideahouse sdn.bhd，Kuala Lumpur，Malaysia，2012.

24.Shamrahayu A. Aziz，*Issues on Enforcement of Islamic Criminal Law in Malaysia*，Malik Publisher，Malaysia，2011.

25. Sharifah Suhanah Syed Ahmad，*Malaysia Legal System*，LexisNexis，Malaysia，2007.

26. Syed Husin Ali, *Ethnic Relations in Malaysia — Harmony and Conflict*, Strategic Information and Research Development Centre, Puchong , Malaysia, 2008.

27. Trade Statistics (International TradeCentre), October 2015, http://www. intracen.org.

28. Viknesh Jayapalen, A Transition from Glorious Hindu Malaysia Kingdoms to Crumbling Hindu Temples: The Past and Present of Hinduism in Malaysia, http:// www.idazuwaika.com/articles/vik002.pdf/8, January 2007.

29. Walter J. Napler, *An Introduction to the Study of the Law Administered in the Colony of the Straits Settlements*, Fraser and Neave Limited, Singapore, 1898.

30. Wan Arfah Hamzah, *A First Look At The Malaysia Legal System*, Oxford Fajar , Malaysia, 2009.

31. N. H. Chan, *Judging the Judges*, Alpha Sigma, Petaling Jaya, Malaysia, 2007.

32. M. B. Hooken, *A Concise Legal History of Southeast Asia*, Clarendon Press, Oxford, 1978.

33. Abdul Rahman Embong, Sastera, *Politik dan Masyarakat*, Dewan Bahasa dan Bustaka, Kuala Lumpur, Malaysia, 2014.

34. Aida Idris, Abu Hassan Hasbullah menyunting, *Membina Bangsa Malaysia*, Strategic Information and Research Development Centre, Petaling Jaya, Selangor, Malaysia, 2012.

35. Ahmad Hidayat Buang editting, *Undang-undang Islam di Malaysia*, Penerbit University Malaya, Kuala Lumpur, Malaysia, 2007.

36. Farid Sufian Shuaib, *Pentabdiran Keadilan: artikel terpilih*, Dewan Bahasa dan Bustaka, Kuala Lumpur, Malaysia, 2007.

37. Ahmad Hidayat Buang editting, *Mahkamah Syariah di Malaysia*, Penerbit University Malaya, Kuala Lumpur, Malaysia, 2005.

38. Ahmad Ibrahim ed., *Perkembangan undang — undang Perlembagaan Persekutuan*, Dewan Bahasa dan Bustaka, Kuala Lumpur, Malaysia, 1999.